Hermann Schnell

Untersuchungen über die Verfasser der Miracles de Nostre Dame par personnages

Hermann Schnell

Untersuchungen über die Verfasser der Miracles de Nostre Dame par personnages

ISBN/EAN: 9783744602075

Hergestellt in Europa, USA, Kanada, Australien, Japan

Cover: Foto ©Thomas Meinert / pixelio.de

Weitere Bücher finden Sie auf **www.hansebooks.com**

Die Frage, ob die Miracles de Nostre Dame par personnages von einem Verfasser herrühren oder von mehreren, welche im Folgenden einer näheren Erörterung unterzogen werden soll, ist bis jetzt noch nicht untersucht worden, doch herrschte, soweit es zu einer Zeit möglich war, wo die betreffenden Stücke nur vereinzelt einen Herausgeber gefunden hatten, die Ansicht vor, dass sie sämmtlich, wenn nicht von demselben Autor, so doch wenigstens in demselben puy verfasst wären, eine Ansicht, welche in der grossen Aehnlichkeit in der äusseren Form derselben ihren Ursprung haben mochte. Auch Julleville, der in seinen 1880 erschienenen »Mystères« sämmtliche Mirakel weitläufig bespricht, schliesst sich ohne nähere Begründung dieser Meinung an [1]). In der That hat dieselbe viel Wahrscheinlichkeit für sich. Mit Ausnahme des ersten sind sämmtliche Stücke in demselben Versmasse geschrieben, ihre Sprache ist im Grossen und Ganzen dieselbe, selbst eine Menge von Redewendungen kehren in den meisten Mirakeln wieder [2]).

---

1) cf. I. p. 121: »C'est l'œuvre d'un même auteur ou tout au moins celle d'une même école animée du même esprit«.

2) Bei genauerer Beobachtung machen sich jedoch auch hierin mancherlei Unterschiede bemerklich. Einzelne Redewendungen, welche in den 4 ersten der bis jetzt veröffentlichten Bände fast in jedem Mirakel mehrmals auftreten, wie »se Dieu me voie« XII 957, 1014, 1290. XIII 84. XIV 271. XV 1215. XVI 531. XXIII 527, 618. XXIV 467. XXVII 30, 755, 2032. XXVIII 858, »se Dieu me doint joye« XIV 1232. XV 590. XVI 1717. XIX 1086. XXI 383. XXIII 1856. XXVII 1562, »Lasse! de quel heure fu née?« XV 701. XVI 343. XIX 878. XXV 57. XXVII 1095, dann »Qu'est ce? Quel chiére?« foy que doy m'ame,« »je ne le feray pas envis«, »vous vous ferez des gens moquer«, »grant chose a en ‚faire l'esteut'«, vor allem aber »sanz plus preschier«, »a brief parler«, »puis qu'ainsi est« etc. verschwinden in den beiden letzten gänzlich oder erscheinen wenigstens weit seltener. Statt ihrer treten andere, in den ersten Mirakeln nicht gebräuchliche auf, wie »g'y vois pié batant« XXXIV 1552, »je m'en vois batant« XXXV 1170, »avançons nous batant« XXXIII 426; »je ne suis pas sourt« XXXIV 196, »n'ay beu dont soye yvre« XXXIII 2054 (beide = »Ich habe euch wohl verstanden«); »monstrez me voz talons, marchiez

Indess dürfen wir hieraus doch höchstens schliessen, dass sie zu derselben Zeit und an demselben Orte, wahrscheinlich also in demselben puy verfasst sind, nicht aber dass derselbe Dichter sie geschrieben habe, zeigen doch selbst Mirakel von offenbar späterem Datum, wie die vom heiligen Fiacre und und von der heiligen Genoveva in Jubinal's »Mystères inédits du XVe siècle« hierin viele Uebereinstimmungen mit den unserigen. Die Untersuchung über die Verfasser wird dadurch natürlich erheblich erschwert. Dazu muss berücksichtigt werden, dass kaum eins von den sämmtlichen Stücken völlig geistiges Eigenthum seines Verfassers ist, bei Weitem die meisten vielmehr einfache Dramatisirungen längst vorhandener Stoffe sind, welche die Dichter theils alten Epen, theils Heiligenlegenden, theils localen Ueberlieferungen entnahmen. Der Stoff an sich kann daher ebenfalls für unsere Frage nur insofern in Betracht kommen, als er von dem Autor für seine Zwecke umgewandelt ist. Diese Aenderungen aber im Einzelnen festzustellen, könnte nur durch eine genaue Vergleichung mit den Quellen gelingen[1]),

---

du pié« XXXIV 132, »des talons ai tant marchié que ...« XXXIV 1220 und andere mehr. Ebenso finden sich einzelne neue Worte wie »trubert« und »merdaille« (Schimpfworte auf-aille sind namentlich in XXXIII beliebt). Am auffallendsten ist jedoch, dass die Bezeichnung »dame et royne en paradis«, welche in den ersten Mirakeln ein Ehrentitel der Jungfrau Maria ist, zuweilen aber von dieser in Beziehung auf eine andere, dann aber stets weibliche Person gebraucht wird, cf. XVIII 1199 Nostre Dame zu Theodore:
Et si grant bien y acquerras | Conme royne.
Qu'en paradis sanz fin seras |
hier einmal auch auf Personen männlichen Geschlechts ausgedehnt wird: In XXXIV bittet Bautheuch Gott, er möge nicht zugeben, dass ihre Söhne ihrer Seelen verlustig gingen:
1727. Mais qu'ilz desservent estre dames | Et roynes en paradis.
Dass auch die Sprache an und für sich nicht überall dieselbe ist, mag das Wort *moustrer* zeigen, dessen beide Formen *monstrer* und *moustrer* in den verschiedenen Stücken in sehr verschiedenem Masse verwandt werden. In den ersten 17 Mirakeln tritt durchgehends *monstrer* auf, in XVIII zeigt sich zuerst neben dem noch bevorzugten *monstrer* (6 Mal) die Form *moustre* im Reim mit *oultre* (597), verschwindet dann wieder in XIX bis XXIV, wird in XXV (8 Mal) und XXVI (1 Mal) die allein übliche und erscheint in XXVII und XXVIII mit *monstrer* gleichberechtigt. — Unechte Reime treten in dem einen Stücke seltener auf, als in dem anderen. — Der Hiat im Innern der Wörter, sowie der durch vokalischen Auslaut des einen und vokalischen Anlaut des anderen Wortes gebildete finden sich nicht überall gleich häufig. — Wir haben in der folgenden Arbeit wegen der Beschränktheit des Raumes auf eine Untersuchung der sprachlichen und metrischen Verhältnisse in den Mirakeln verzichten müssen, hoffen jedoch, dass eine zweite Arbeit die von uns gefundenen Resultate bald ergänzen oder berichtigen werde.
1) Ein Anfang ist hierin bereits durch Ludwig Voigt gemacht worden,

wir müssen uns in dieser Arbeit auf solche Aenderungen beschränken, welche wir sofort als vom Dichter herrührend erkennen können.

Da sind denn vor allem die Scenen von Wichtigkeit, in denen Nostre Dame auftritt, da sie sicherlich in den Vorlagen durchaus fehlten. Die Mirakeldichter wollten Maria in ihren Schauspielen verherrlichen, nahmen also irgend einen geeigneten Erzählungsstoff, dialogisirten denselben und theilten dabei ihrer Heldin eine mehr oder minder hervorragende Rolle zu. Nach der Art und Weise nun, wie diese Einführung in den einzelnen Stücken bewerkstelligt ist, nach der Bedeutung, welche Marias' Rolle gegenüber denen der übrigen Himmlischen, namentlich Gottes, hat, können wir mit grosser Wahrscheinlichkeit einen Schluss auf den jeweiligen Verfasser derselben ziehen.

Neben Nostre Dame werden weiter auch Gott, die Heiligen, Engel und Teufel, die sicherlich bei den meisten Stücken ebenfalls noch nicht in der Vorlage in die Handlung eingreifen, in Betracht kommen. — Ausser diesen zum Theil fast überall wiederkehrenden Personen werden wir noch die Charaktere und das Verhalten solcher Personen vergleichen können, welche in mehreren Mirakeln unter denselben Verhältnissen auftreten, wie der Päpste, der Eremiten, der Gatten, die von ihren Frauen betrogen zu sein glauben u. s. w. Noch viele andere Gesichtspunkte, vor allem die metrischen, werden ausserdem ins Auge zu fassen sein.

Doch habe ich mich auf die Anführung der wichtigsten Gründe, welche für eine Eintheilung der Mirakel in verschiedene Gruppen mit verschiedenen Verfassern geltend gemacht werden können, beschränkt. Die Stücke werden im Folgenden stets in der Gruppirung, wie sie nach meinem Dafürhalten anzunehmen ist, besprochen werden, und werde ich diese Gruppirung am Schluss durch ein Résumé der massgebendsten Gesichtspunkte zu rechtfertigen suchen.

---

welcher in seiner Dissertation die Mirakel, welche epische Stoffe behandeln, auf ihre Quellen untersucht hat (Grimma 1883). Indess glaube ich, dass Voigt für seine Arbeit sich die Grenzen etwas zu weit gezogen hat, weshalb es ihm nicht möglich gewesen ist, in einer auch für unsere Frage genügenden Weise das Verhältniss der einzelnen Stücke zu ihren Quellen festzustellen. Seine Meinung über die Anzahl der Verfasser spricht er auf Seite 2 aus: »Setzen wir unsere bestimmungen noch weiter fort, so gelangen wir schliesslich zu dem resultate, dass die mirakel einem einzigen puy und wenn nicht einem einzigen verfasser, so doch wenigstens einer sehr geringen anzahl von verfassern angehören, denn einestheils ist die sprache und diction dieselbe und anderntheils auch die behandlung der stoffe und der geist, der in den stücken herrscht. Ausserdem wiederholen sich eine reihe von scenen und situationen in den meisten von ihnen, so dass wir hiervon mit recht auf ein und dieselben bühneneinrichtungen, dekorationen und schauspieler schliessen können.«

I. Die Jungfrau Maria.

1) 3) Die erste Gruppe, welche die Mirakel X, XI, XIII, XIX in sich begreift, und an die sich wegen der gleichen Vorstellung von der heil. Jungfrau auch VII anschliesst, zeigt eine Erhabenheit der Anschauung von der Jungfrau Maria, wie sie kaum eins der andern Stücke aufzuweisen hat. In keinem derselben wird Gott auch nur nebensächlich erwähnt; alles, was Nostre Dame thut, thut sie aus eigener Machtvollkommenheit. Sie ist die Gottheit, welche ihre Diener belohnt und schützt, ihre Verächter bestraft, hat also vollständig die Rolle übernommen, welche in den alten Legenden Gott zugeschrieben wurde. In XIII bot sich dem Verfasser Gelegenheit, sie in ihrem vollen Glanze über einen Feind ihrer Getreuen zu Gericht sitzen zu lassen, der in der Folge sogar auf ihren Befehl von einem Heiligen getödtet wird. In VII und XIX kommt es so weit nicht; da bleibt es bei der Drohung, den Abtrünnigen die Pforten des Himmels zu verschliessen [1]). Aber diese strenge Seite der Jungfrau tritt im Ganzen zurück hinter der milden. Die Hauptsache ist dem Dichter, seinen Zuschauern zu zeigen, wie Nostre Dame ihre Diener stets im Auge behält und sie belohnt, wenn sie dieselben als treu befindet. Selbst in VII sind ihre strengen Worte durchaus nicht schlimm gemeint, sagt sie sie doch nur in der ausgesprochenen Absicht (830), eine ihrer Freundinnen vom Wege der Sünde zu dem der Gnade zurückzuführen. In XIX folgt sogar der Reue des Chanoine die Belohnung von Seiten seiner Herrin auf dem Fusse nach. Dem Bischof schenkt sie ein goldenes Gefäss mit Milch von ihrer Brust, dem Marchand einen Kranz, dem heil. Basilius ein lehrreiches Buch.

Hat der Dichter so seine Heldin einerseits als eine Gottheit dargestellt, so hat er doch andererseits nicht vergessen, dass

---

1) VII, 860 ff.
860. Or sus, fole, plus ne te tarde, | 862. Ou du ciel te clorray les portes
Mes saluz tantost me rapportes, |
XIX, 854 ff.
854. Je te dy bien que tant t'amoye | 858. Mais de la te sera defniz
Que ja en paradis t'avoye | Et en enfer te sera fuiz,
Ordené un lieu ou feusses, | Ce saches, et appareilliez,
Ouquel gloire sanz fin eusses, | S'autrement n'es tost conseillez

Zur Vergleichung möge ein Ausspruch Nostre Dame's aus einem dieser Gruppe sonst nahe stehenden Stücke hier Platz finden:
IV. 1343 ff.
1343. si li di | 1345. Que je le feray condampner
Que s'il ne la fait repiter | De mon fil qui le jugera.

sie daneben auch ein Weib ist. Darum sehen wir ihn bei
jeder Gelegenheit ihre himmlische Schönheit so sehr hervorheben,
darum theilt er ihr auch ein gewisses Mass von Eitelkeit und
Eifersucht zu. In VII hat sie keinen Grund von ihrer Schönheit
zu sprechen, da die ungetreue Dienerin selbst weiblichen Geschlechts ist, aber dennoch regt sich in ihr etwas wie Eifersucht
darüber, dass sie ihr einen Mann hat vorziehen können:

854. Trop as mespris vilainement,   Pour un homme a qui adrecié
Qui si longuement m'as laissié   As t'amour et ton cuer du tout.

In XIX, wo sie es mit einem Manne zu thun hat, redet sie
gleich ganz anders:

839. Dy moy, dy moy, tu qui de cuer
Par samblant amer me soloies
Et qui maintenant me tenoies
En disant nonne pour si belle,
Conment est ce, se je suis telle,
Que pour autre femme me laisses?
845. Malement, ce semble, m'abaisses
Et ma valeur et ma biauté,

Ce n'est pas bonne loyauté,
Quant cy me laisses. Es tu yvres,
Qui tout ton cuer et t'amour livres
A une terrienne femme,
Et tu me laisses qui suis dame
Du ciel? Dy me voir, ou est celle
Qui plus est de moy bonne et belle?

und der Chanoine selbst ruft aus:

881. Ha, doulce dame, quant je pense
A ta grant biauté non pareille,
Mon cuer du penser se merveille,

884. Car je voy trop sui variez
En moy quant me sui mariez,

In X konnte bei dem augenscheinlich schon älteren Bischof
auf die Schönheit der Jungfrau allerdings weniger Gewicht
gelegt werden, aber auch hier finden sich mancherlei Be-
merkungen, welche darauf hindeuten, dass Nostre Dame von
ihren Dienern fast wie ein irdisches Weib geliebt sein will.
Nehmen wir nur den sehr weltlichen Vergleich, den der Bischof,
als er Maria erwartet, anwendet:

498.   com vrais amis
S'amie en certain lieu atent,
Quant elle li a en convent,

501. Ycy, vierget 'atenderay,
Ne jamais ne m'en partiray
Tant que je te verray encore.

und als sie ihm zu lange ausbleibt, betet er:

536. Fay que me solace et deporte | En ta grant biauté regarder.

In XI und XIII tritt diese Anschauung des Verfassers nun
noch weit mehr hervor, ist doch der Marchand untröstlich,
dass er die Jungfrau bei ihrem ersten Erscheinen nicht gesehen
hat, und beruhigt sich nicht eher, als bis sie sich auch ihm
zeigt. Der Räuber wird gar, seiner roheren Natur folgend,
geradezu von einer sinnlichen Begier sie zu besitzen, ergriffen,
die sich erst zur reineren Liebe mildert, als er erfährt, wer sie
ist, und nun, was alles andere nicht vermocht hat, seine völlige
Bekehrung bewirkt. In ähnlicher Weise hat den Libanius, den
treuen Gehülfen Julians bei der Verfolgung der Christen, der
Anblick ihrer himmlischen Schönheit so entzückt, dass er sich
in die Wüste zurückzieht, um fortan nur der Liebe zu ihr zu

leben. Er giebt nach einander beide Augen für ihren blossen Anblick hin und bietet sogar sein Leben für einen dritten. Wer wird bei der Durchlesung dieser Scenen nicht an die Proben erinnert, welche im Mittelalter nicht selten eine Dame ihrem Ritter auferlegte, ehe sie ihm ihre Liebe schenkte!
2) V. VI. Das 6. Mirakel zeigt von diesem allen nichts, obwohl es im Uebrigen seiner Heldin eine nicht minder unabhängige Stellung einräumt. Wie in den eben besprochenen Stücken verlässt sie den Himmel, ohne Gott um Erlaubniss zu fragen oder gar von ihm gesandt zu sein, erhört die Gebete ihrer Diener, ja thut selbst aus eigener Machtvollkommenheit Wunder[1]). Trotzdem hat es der Dichter nicht gewagt, das Dasein Gottes völlig zu ignoriren, er weist ihm noch eine Thätigkeit hinter der Bühne zu, welche, da sie sich niemals auf Diener der Jungfrau erstreckt, ausser in V in keinem anderen Mirakel ihres Gleichen findet. Es gewinnt dadurch den Anschein, als ob der Verfasser sich die Menschheit als zum einen Theil vorzugsweise Gott, zum andern seine Mutter verehrend vorgestellt habe und die Wirkungskreise beider streng von einander geschieden wissen wolle. Wenigstens erhält Jehan, welcher nur zu Nostre Dame betet, auch nur von ihr Gewährung, wird nur von ihr persönlich besucht, seine Mutter Anthure dagegen, die Gott dient, wenn sie daneben auch hie und da zu der Jungfrau betet, wird von ihr gar nicht beachtet, sondern steht einzig mit Gott in Verbindung. Gabriel bringt ihr seines Herrn Befehl in die Heimat zurückzukehren (919), Michael verkündet ihr das Schicksal ihres Sohnes voraus (1039), und beide Engel gemeinsam tragen die Seele der Abgeschiedenen gen Himmel. Niemals zwar zeigt uns, wie gesagt, eine Scene im Himmel, wie Gott sie absendet, weil eben das Auftreten Gottes den Glanz der Heldin des Stückes verdunkelt haben würde, aber ihre Worte verrathen wenigstens in den beiden ersten Fällen, dass es wirklich geschehen ist (vgl. 919 und 1048).

In ähnlicher Weise findet sich diese unsichtbare Thätigkeit Gottes in V ausgesprochen. Es liegt in der Natur des Stoffes, dass Nostre Dame dort nicht in derselben Weise auftreten kann, wie in VI, da sie da eben noch als irdisches Weib erscheint, doch ist in dem Verhalten der Engel deutlich

---

1) Vgl. ihre Worte, als sie sich Jehan vorstellt:
661. Je sui des anges la deesse
und die Beschwörung des Teufels:
714. Je te conjur de Dieu le pére, | 716. Et de toute la trinité,
De Dieu le filz et de sa mére |
wo Nostre Dame mit zur heil. Dreieinigkeit gerechnet wird.

genug ausgedrückt, wie der Verfasser über das Verhältniss seiner Heldin zu Gott dachte. Nämlich nur, wenn einer der Engel allein auftritt, lässt sich eine Entsendung durch Gott nachweisen, sind beide zusammen — was übrigens auch nur in der Nähe Marias der Fall ist, — so werden sie als Gefolge der Jungfrau angesehen und sind als solches von Gott unabhängig.

4) II. Uebereinstimmend mit Gruppe 1), doch wird die Schönheit Marias nicht in der Weise wie dort in den Vordergrund gestellt.

5) IV. Für IV ist charakteristisch die Aengstlichkeit, mit welcher der Verfasser sich hütet, die Jungfrau als völlig selbständig neben Gott zu stellen. Niemals lässt er sie etwas ausführen, ohne dass er sie ausdrücklich bemerken lässt, dass sie eigentlich nur im Auftrage Gottes handle. vgl.
1335. ND. Tu as servi mon chier fil doulx | 1433. Ceste vesteure vestiras, Et moy, dont moult bon gré t'en say | Mon fil et moy en serviras, sowie die bereits früher citirten Zeilen 1343 ff. So erscheint Nostre Dame hier, trotzdem Gott noch nicht neben ihr in dem Stücke auftritt, als eine ganz andere als in den bisher besprochenen Stücken.

6) XII. Nostre Dame erscheint hier wie in IV zwei Mal, das eine Mal der gefangenen Dame selbst, der sie die nahe Rettung voraussagt, das andere Mal einem dritten, der das Werkzeug der Rettung bildet. Auch die Vorstellung von dem Verhältniss Marias zu Gott ist dieselbe, auch hier wagt sie z. B. nicht auszusprechen, dass sie das Gebet der Marquise erhört habe, Jesus hat es gethan. Indess glauben wir hier nicht das ängstliche Bestreben Gott ja nicht in seinen Rechten zu nahe zu treten, wie es IV zeigt, eher eine wirkliche Unterordnung Marias unter ihren Sohn zu erkennen. Das Hineinziehen der Person Gottes ist in IV eigentlich nur pro forma, Nostre Dame redet zwar stets nur von »mon filz et moy«, meint aber augenscheinlich doch nur sich allein, wie sie denn auch bei der Befreiung der Königin ganz selbständig vorgeht. Hier dagegen tritt das Formelle mehr zurück, als sie mit Anthenor spricht, erwähnt sie Gott gar nicht, äussert andererseits aber der Marquise gegenüber auch offen, dass nicht sie, sondern ihr Sohn ihr Hülfe schicke.

7) XVI. In XVI beginnt Gott bereits, wenn auch zunächst hinter der Bühne, eine Rolle zu spielen. Die Gebete der »mére au pape« sind nicht mehr an die heil. Jungfrau als an diejenige gerichtet, welche selber Hülfe bringen kann, man erwartet von ihr nur noch eine Fürsprache bei Gott. Verschiedentlich wendet sich sogar das Gebet von Nostre Dame ganz ab und direct an Gott oder lässt Maria von vornherein völlig ausser

Acht (cf. 340 ff., 800 ff., 950 ff., 998 ff., 1282 ff.) Auch in die Handlung greift Gott jetzt ein: als die Jungfrau den Engeln befiehlt, der todten Büsserin eine Kapelle zu errichten, sinkt von Gott gesandt eine fertige vom Himmel herab, die man bloss an die richtige Stelle zu setzen braucht (1560). Und wo wir nicht ein Eingreifen Gottes mit den Augen bemerken können, da setzt wenigstens die fromme Gläubigkeit der betheiligten Person ein solches voraus. So sagt die mére, als der Teufel sie zum ersten Mal versucht hat:

1019. E! bons Jhesus misericors, | Sçay je bien que pas loing n'estoies
Se je ne t'ay veu en corps, | De moy, quant tempter me veoies.

Dieser Gedanke der persönlichen, obwohl unsichtbaren Gegenwart Gottes bei einer Versuchung würde in eins der früheren Mirakel durchaus nicht passen. Er ist nur möglich in einem Stücke, in dem Nostre Dame schon hinter Gott zurückzutreten beginnt.

8) XVII. Wir finden Nostre Dame hier das erste Mal, v. 498 ff., im Gespräch mit ihren Engeln, denen sie befiehlt, die Seele ihres »bon prestre«, des curé, zu holen. Sie sagt von ihm, dass er »tout son temps a volu mettre En moy servir com vraiz amis« und schliesst mit den Worten:

Finez est, si vueil que soit mis | En vray repos.

Das Stück zeigt von diesem Dienste des Pfarrers nichts, im Gegentheil weist manches darauf hin, dass er der Mutter Gottes, deren er in keiner seiner zahlreichen Reden auch nur mit einer Silbe gedenkt, durchaus keine besondere Verehrung widmete. Wir müssen also, da wir wegen der dem Stücke eigenthümlichen Reimbindung dieses kurze Zwiegespräch nicht als ein späteres Einschiebsel betrachten können, annehmen, dass Nostre Dame hier auch die Geschäfte ihres Sohnes besorgt, an dessen Stelle sie die Geschicke der Menschen leitet. Auf diese Weise erklärt sich ausserdem der Widerspruch, der zwischen den oben citirten Schlussworten dieser Scene, und den Worten des Fol. 1601/2 besteht:

Dame, donnez moi desservir | L'amour vostre filz vous servant.

In der einen Stelle wird Nostre Dame die Entscheidung über Seligkeit und Verdammniss zugeschrieben, in der anderen wird sie als Mittlerin zwischen Gott und den Menschen dargestellt. Wir gehen daher wohl nicht fehl, wenn wir uns Gott als den König, Nostre Dame als den thatsächlich regierenden Minister vorstellen: Es wird dann auch begreiflich, dass der Fol, der anfänglich nur an Gott seine Gebete richtete, späterhin auf den Rath des Einsiedlers

240. A nostre dame sanz sejour | Tien ton cuer ferme

diesen gänzlich vernachlässigt und der h. Jungfrau allein dient.
Die Scene v. 498 ff. bietet übrigens auch das einzige Beispiel, dass Nostre Dame die Engel allein entsendet, sie selber im

Himmel zurückbleibt. Alle übrigen Stücke, in welchen Gott nicht auftritt, lassen die h. Jungfrau in Person die Seelen ihrer verstorbenen Diener holen. Nur Gott schickt zuweilen in einem solchen Falle die Engel aus, anstatt selbst zu gehen; Nostre Dame vertritt ihn auch in dieser Hinsicht.

9) I. Das erste Mirakel ist höchst wahrscheinlich auch das älteste der Sammlung; es zeigt die naivsten Anschauungen, die am wenigsten vorgeschrittene Technik. Der Verfasser führt im Verlaufe des Stückes zum ersten Male Gott redend auf, aber er beschränkt seine Thätigkeit auf der Bühne zunächst noch auf das möglichst geringe Mass. Erst am Schlusse wird er in Person eingeführt, während die Engel, welche den Eremiten ihre Speise bringen, in derselben Weise erscheinen, wie in V und VI. So ist Nostre Dame auch hier die Hauptperson des Stückes, deren Handeln von Gott völlig unabhängig ist; aber ihrer Macht sind doch Grenzen gezogen, ausserhalb welcher die Thätigkeit Gottes beginnt. Der Verfasser will aber auch augenscheinlich die Macht seiner Heldin weniger in dem zeigen, was sie ohne Gottes Beihülfe für die Menschen thun kann, die Hauptsache ist ihm, uns ihren Einfluss bei Gott vor Augen zu führen. Nostre Dame ist ihm vor allem eine Fürsprecherin, nicht aber in der Weise eine Vermittlerin zwischen Gott und den Menschen, dass durch sie die Person Christi mehr oder weniger vollständig den Augen der Menschen entzogen wird, wie das in XVII der Fall ist. Für diese ihre Stellung lassen sich Belege in Menge anführen; wir geben nur einige:

118. priez a vo doulx hoir	Royne, et mon seigneur aussi
216. a cest besoing nous soit aidant	De ce qu'avons forfait vers lui
A son chier fil, le roy des roys.	Et vers toy
424. A ton benoit chier fil m'acorde,	N. D. 468. Je prieray mon fil pour toy

Die Teufel machen sich aus dem Zorn Marias an und für sich nichts, aber sie verkennen nicht den Einfluss, welchen sie auf ihren Sohn hat. Die Worte des einen von ihnen v. 1383 ff. sind für den Dichter bezeichnend, der damit in seiner naiven Weise an den Tag legt, für wie gross er den Einfluss der Jungfrau bei Gott hält. Zugleich aber beweisen sie eine ziemlich kindliche Anschauung von der Grösse Gottes, die sich auch bei einer anderen Gelegenheit äussert, als der Verfasser Gott seine Mutter bei ihrer Heimkehr ganz naiv fragen lässt, wo sie denn so lange gewesen sei. Auch der Umstand, dass der Filz selbst nach dem Schiedsspruch Gottes nicht eher vor den Teufeln sicher ist, als bis er die Taufe empfangen hat, zeigt keine besonders erhabene Vorstellung von der Allmacht des Weltschöpfers. Und wie klingen erst Worte wie

1402. Chiére mére, de vouloir bon | Vueil et doy a vous obeïr.
und andererseits

| 1447. Je te conmans a Dieu mon pére | Mon pére que . . .
| 1450. Je vueil par le commandement |

Muss man da nicht annehmen, dass sich der Dichter die Scheidung in Gott den Vater und Gott den Sohn ganz körperlich dachte ¹)! Wir haben oben der Entsendung der Engel als einer an VI erinnernden Eigenthümlichkeit gedacht, wir können die Parallele noch weiter ziehen, indem wir constatiren, dass auch hier zwischen einem Diener Gottes und einem Diener der h. Jungfrau unterschieden wird, indem der seigneur mehr auf Gott, die dame mehr auf Nostre Dame ihr Vertrauen setzt, und Nostre Dame auch nur der letzteren, niemals, trotz aller Gebete des Gatten zu ihr, diesem erscheint. Indess ist diese Scheidung hier noch nicht streng durchgeführt, da bald der eine, bald der andere beiden Himmlischen seine Verehrung bezeugt. Es ist interessant, diese Entgegenstellung und doch wieder Vermengung beider Culte durch das Stück zu verfolgen. Uns werden einige Beispiele genügen: Zu Anfang betet der seigneur zu Gott und Nostre Dame zugleich, die dame zu der letzteren allein, dann sagt der seigneur:

| 60. Servons Dieu et n'en parlons plus | S'il lui plaist, cest veu bien tenrons,

worauf die dame antwortet:

| Mon seigneur, voirement ferons, | S'il plaist a la vierge Marie

Aber schon 98 bekennt er:

| Vostre vouloir, dame, et le mien | Sont a servir la mére Dieu.

Kurz vor der Geburt des Kindes beten zwar beide Gatten zu Nostre dame, die Rettung aber erwartet der seigneur von Gott (265/66).

| S. 285. Je prieray pour vous a Dieu

Als nach der Geburt die Frau fortwährend von Nostre Dame redet, sagt der Mann auf einmal:

| 405. prenez cel enfant | En l'onneur du biau roy puissant.

510 erwartet sie Hülfe von Maria, er 522 von Christus, doch betet er gleich darauf auch zur Jungfrau (534)

| S. 789. de par Dieu, si mouvons | De par la vierge glorieuse
| . D. 790.   alons |

---

*) Ich führe hierzu noch zwei weitere Beispiele an: Bei der Gerichtsverhandlung am Schlusse, die doch augenscheinlich im Himmel stattfindet, sind Teufel und Menschen zugegen, die nachher ruhig wieder zur Erde zurückkehren, gleich als ob wie auf der Bühne, so auch in Wirklichkeit zwischen Himmel und Erde eine Verbindung bestände. — V. 628 erzählt der seigneur der dame, ihr Sohn sei jetzt schon so gross, als ob er 15 Jahre alt wäre; sie bittet ihn, ihn zu holen, es geschieht sofort, und nun gleicht er auf einmal schon einem 20jährigen Jünglinge. Thatsächlich sind während des Gesprächs 7 Jahre verflossen Derartige Ungereimtheiten sind den andern Stücken fremd.

Es scheint mir beinahe zweifellos, dass diese Scheidung beab.
sichtigt ist.
10) III, XIV, XV. Das 14. Mirakel zeichnet sich inhaltlich
insofern vor den bisher behandelten aus, als es uns zum ersten
Mal vor Augen führt, wie sich die heil. Jungfrau — allerdings
erst auf die besondere Bitte des betreffenden Schutzpatrons —
auch des Dieners eines anderen Heiligen annimmt. Das ist
von vornherein ein Widerspruch gegen die Auffassung der
früher besprochenen Stücke, da dort die Heiligen Nebenpersonen
sind, welche nur dazu da sind, den Glanz des Auftretens Marias
zu erhöhen, hier aber St. Prist an Bedeutung der Jungfrau
nicht viel nachsteht. Dort soll der Dienst der Jungfrau als
unendlich viel vortheilhafter als der aller übrigen Heiligen, ja
theilweise sogar als der Gottes dargestellt werden, hier vermag
man kaum zu bestimmen, ob in dem Stücke der Dienst des
St. Prist oder der Marias verherrlicht werden soll. Dem Verfasser war es augenscheinlich nur darum zu thun zu zeigen,
welche Macht die Fürsprache seiner Heldin bei Gott hätte, für
wen sie da eintrat, war ihm Nebensache. Gott spielt trotz des
ihn umgebenden Glanzes eine einigermassen klägliche Rolle.
In I zeigt er sich doch wenigstens unbeeinflusst von allen
Ueberredungskünsten seiner Mutter, er urtheilt einfach nach
Recht und Gesetz, hier erscheint er anfänglich einer Vergebung
der Sünden des Estienne gänzlich abgeneigt, und es bedarf
der äussersten Anstrengungen der Jungfrau, um ihn von seiner
ursprünglichen Absicht abzubringen und Gnade üben zu lassen.
Das ganze Benehmen Nostre Dames bei dieser Gelegenheit zielt
offenbar nur darauf hin, den »alten Herrn« weich zu stimmen,
um ihn dann etwas über die strenge Gerechtigkeit hinwegsehen
zu lassen. Noch ehe sie ihren Wunsch vorgetragen hat, zeigt
sie ihre »mamelles« und »belles mains«, während dieser Trumpf
in I erst ausgespielt wird, als alle andern Mittel nichts nützen.
Als trotzdem Gott anfänglich fest bleibt, klagt sie, dass er,
der gegen alle mitleidig sei, ihr allein gegenüber hart bleibe,
und das hilft; Gott findet einen schlauen Ausweg, so dass nun

803. sera justice gardée	Misericorde qu'il pourra
Et misericorde donnée:	Gaignier pardon.
Justice en ce qu'il penera,	

Die Gerechtigkeit übt Gott aus sich selbst, die Gnade erst
in Folge von Fürbitten; der Nutzen derselben bei Gott konnte
nicht besser gezeigt werden. Darauf beschränkt sich aber auch
die Thätigkeit der Jungfrau Maria, ein selbständiges Eingreifen
in die Geschicke der Menschen wird uns nicht vor die Augen
geführt. Das eine Mal, wo sie einen Versuch dazu macht,
indem sie Estienne ihr Erscheinen verspricht, handelt sie vielleicht

im Auftrage Gottes, und in der That finden wir sie nachher auch nicht allein, sondern im Gefolge Gottes wieder.

Auch das 15. und 3. Mirakel feiern Nostre Dame als die Fürbitterin bei Gott. Die Stelle des Schutzpatrons ist in XV auf die Jungfrau selbst übertragen, weshalb auch alle Gebete an sie gerichtet sind. In III fordert sie Rache für die Ermordung eines ihrer Diener, und da sich Gott nur schwer zu einer so harten Bestrafung, wie sie wünscht, entschliessen kann, so wendet sie wieder alle möglichen Mittel an, um ihn weich zu stimmen, und erreicht auf diesem Wege schliesslich auch hier ihren Zweck.

Allen 3 Stücken gemeinsam ist eine gewisse Unentschlossenheit, welche Nostre Dame zuweilen an den Tag legt. In XIV erklärt sie dem bittenden Prist, sie wolle ihm gern helfen, wenn sie nur wüsste wie, und erst als dieser ihr den einzuschlagenden Weg angiebt, schreitet sie ans Werk. In XV muss Gott sie erst auf das Gebet der Frau aufmerksam machen, ehe sie Fürsprache für dieselbe einlegt, und späterhin lässt sie sich von dem Gatten seine Noth noch einmal klagen, obschon ihr die Geschichte von früher her bekannt sein musste. Selbst den Entschluss Rache zu nehmen, III, fasst sie erst auf den Vorschlag des heil. Lorens.

Sie tritt stets das erste Mal ohne Gott auf, begiebt sich dann mit ihrem Gefolge zu ihm, bringt ihre Bitte vor und erscheint am Schluss in seinem Gefolge. Auf diese Ordnung legt der Verfasser ein solches Gewicht, dass er am Ende des 3. Mirakels Gott und seine Begleitung in einer besonderen Scene in den Himmel zurückkehren lässt (1095), trotzdem sie ihn vorher gar nicht verlassen haben, bloss damit seine Heldin noch einmal im Gefolge Gottes auftreten kann.

Die Rondels werden, selbst wenn Gott zugegen ist, zu Ehren Nostre Dames gesungen.

11) IX. Das 9. Mirakel schliesst sich scheinbar an das 14. an, weil in beiden Stücken Nostre Dame einem Menschen beisteht, der ihr niemals gedient hat. Indess ist dabei doch nicht zu übersehen, dass sie es in XIV auf die specielle Bitte des betreffenden Schutzpatrons hin, hier aus eigener Initiative thut. Dort war der Heilige nicht stark genug, um selber Hülfe zu schaffen, hier ist Wilhelm ein Diener Gottes, welcher letztere einer Einmischung seiner Mutter gar nicht bedarf und sich im Verlaufe des Stückes auch thatsächlich für seinen Schützling besorgt zeigt, indem er in Person seine Seele holt. Es liegt also für das Benehmen der Jungfrau kein anderer Grund vor, als dass der Verfasser ein solches Eingreifen einflechten zu müssen glaubte, damit seine Heldin nicht vollständig in das

Nichts zurückfalle. Er wagte nicht, diese allgemein bekannte Legende so weit umzugestalten, dass er Wilhelm zu einem Diener Marias machte, es fiel ihm auch nicht bei, Nostre Dame für den gepeinigten Eremiten Fürsprache einlegen zu lassen, so sah er denn keinen anderen Ausweg als diesen, wodurch er ihr wenigstens einen gewissen Schein von Selbständigkeit liess.

12) XVII. Als Leiter der Geschicke der Menschen tritt uns Gott entgegen, der an den »mari« wie an Theodore mehr als ein Mal seine Engel entsendet. Indess tritt auch Nostre Dame wieder mehr hervor, indem Theodore fast regelmässig ihr Gebet an sie richtet, indem sie selber ein Mal sich aus eigenem Antriebe an Gott mit der Bitte wendet, der verlassenen Büsserin helfen zu dürfen. Offenbar ist hier mehr als in IX die Verehrung der Jungfrau zur Grundlage des Stückes gemacht, obwohl die Seele der Dahingeschiedenen von Gott selbst geholt wird.

13) VIII. Das achte Mirakel erinnert in mancher Beziehung an das vierzehnte: in beiden werden Heilige durch die Habgier eines Menschen schwer gekränkt, übernimmt Gott die Vergeltung, wendet man sich um Vermittlung an die Jungfrau und erlangt so schliesslich Freisprechung von der Schuld. Aber wie verschieden ist die Behandlung! Während dort Gott noch im Ganzen mehr im Hintergrunde bleibt, St. Prist und Nostre Dame vielmehr die ganze Sache in die Hand nehmen, ist hier Gott völlig der absolute Herrscher geworden, als dessen blosse Werkzeuge die übrigen Himmlischen auftreten. Niemals wagt St. Peter oder die Jungfrau selbständig vorzugehen oder Gott gegenüber eine eigene Meinung zu äussern, der Befehl wird gegeben und ohne Widerspruch ausgeführt. Bezeichnend ist die hier zuerst auftretende Bezeichnung der Jungfrau als »Royne de la Dieu mesnie« (665). Selbst auf des Papstes Drohung, ihren guten Ruf zu vernichten, wagt sie ohne Gottes Befehl nicht Antwort zu geben. Nostre Dame nimmt in dieser Hinsicht einen so niedrigen Rang ein, wie nie zuvor, der Verfasser hat aber auf eine andere Weise versucht, ihr eine hervorragende Stellung im Stücke zu verschaffen. Dies namentlich dadurch, dass er ihr trotz ihrer Bedeutungslosigkeit im Himmel wenigstens ein unbegrenztes Vertrauen auf ihren Beistand auf Erden bezeugen lässt. Sie ist nach der Ansicht des Eremiten die einzige, welche dem Papste noch Rettung bringen kann, mit verzweifelter Beharrlichkeit verharrt dieser daher im Gebete zu ihr und nur ihrer Abneigung schreibt er die fortwährenden ablehnenden Antworten zu. Auffallender Weise sagt sie auch nichts, was andeuten könnte, dass sie nur im Auftrage Gottes handle, vielmehr redet sie zum

Papste immer so, als ob Gott gar nicht mit im Spiele wäre; selbst von einer Fürsprache von ihrer Seite ist im ganzen Stücke kaum die Rede. So muss es uns höchst merkwürdig vorkommen, dass Petrus in seinem Gespräch mit dem Papst v. 1155 ff. ausdrücklich von ihr sagt, sie habe ihn dem Bösen entrissen und mit Gott ausgesöhnt. Wäre es nicht gar zu unwahrscheinlich, so könnte man fast versucht sein zu glauben, der Dichter habe zeigen wollen, wie ungerechtfertigt es sei, dass sich die Menschen immer an die Jungfrau Maria um Hülfe wenden, da sie in Wirklichkeit doch gar nichts für sie thun könne.

14) XX, XXI, XXVIII. Diese Mirakel zeichnen sich durch eine eigenthümliche Art der Einführung der Jungfrau in die Handlung aus. Der Stoff, welcher dem Verfasser vorlag, enthielt ohne Zweifel nichts von Nostre Dame: der Dichter hatte die Absicht sie zu verherrlichen, er musste seiner Heldin also irgend eine Rolle im Stücke zutheilen. Er machte sich diese Arbeit nun leicht, indem er einfach ein einziges Gebet statt an Gott an sie richten, auf dieses Gebet hin dann Nostre Dame erscheinen liess, um dem Bittenden die Erhörung desselben zu verkünden. Diese Erhörung konnte er natürlich nicht als von ihr selber ausgehend hinstellen, da er eben die Person Gottes nicht beseitigt hatte, es blieben ihm also zwei Wege offen: entweder liess er sie Gott um die Erlaubniss bitten, ihrem Diener zu helfen, oder er liess sie einen diesbezüglichen Befehl abwarten. Den ersten Weg schlug u. a. das 15. Stück ein, den letzteren wählen die unserigen. Sobald ein Mensch zu Nostre Dame betet, giebt ihr Gott den Befehl, ihm die Gewährung seiner Bitte persönlich mitzutheilen, betet er zu Gott, so erscheint dieser selbst, nicht freilich, ohne seine Mutter im Gefolge zu haben (XXVIII). Liegt kein besonderes Gebet vor, so werden Heilige oder Engel als Boten verwandt. — Die Rondels werden sämmtlich der Jungfrau zu Ehren gesungen, nur das eine Mal, wo Nostre Dame nicht zugegen ist, besingt man Gott (XX, Pierre und Pol auf dem Wege zu Constantin).

15) XXVI, XXVII. Das 26. und 27. Mirakel gehen, was das Verhältniss Marias zu Gott anbelangt, mit den eben besprochenen Hand in Hand. Während wir indess in jenen bemerken konnten, dass der Dichter jeden Versuch aufgegeben hatte, seinem Werke das Gepräge der Verherrlichung der Jungfrau aufzudrücken, das Auftreten seiner Heldin vielmehr auf eine bestimmte Scene beschränkte, sehen wir ihn hier das ganze Stück hindurch seinen Zweck im Auge haben, insofern nämlich, als er nicht selten die Jungfrau vorübergehend anrufen oder gar ganze Gebete an sie richten lässt, auch dann wenn ein Erscheinen

derselben nicht beabsichtigt ist. Dazu beschränkt sich die Verehrung Nostre Dames nicht auf eine bestimmte Person, sondern auch Nebenpersonen, wie der Seemann in XXVII, wenden sich in der Noth an die Mutter Gottes. Demgemäss ist auch das Hinabsteigen Gottes zur Erde (XXVI, 1366) nach der Anschauung der vorigen Gruppe nicht völlig gerechtfertigt, da das vorhergehende Gebet Guibours an seine Mutter gerichtet ist. Hat der Dichter so durch die Hebung ihres Ansehens bei den Menschen seiner Heldin eine hervorragendere Bedeutung verliehen, so hat er sie andererseits in ihrem Verkehr mit den Himmlischen auch des letzten Vorrechts vor den Heiligen beraubt, indem er alle Rondels Gott zu Ehren singen lässt. Es ist dieser Umstand um so weniger als nebensächlich aufzufassen, als wir gesehen haben, wie der Verfasser von XX hierin mit einer gewissen Strenge zu Werke ging. Jener unterscheidet noch genau, wann ein Lied Gott, wann Nostre Dame zu Ehren zu singen ist, dem Verfasser dieser Stücke erschien es unsinnig, die Engel ein Loblied auf die h. Jungfrau singen zu lassen, da sie doch eigentlich nichts Anderes that, als z. B. Peter und Paul in XX.

16) XXII, XXIII. 17) XXIV. 23) XXXIII. Die Verfasser dieser Mirakel haben sich ihre Aufgabe in Bezug auf die Verherrlichung der Jungfrau Maria am leichtesten gemacht. Sie halten es für genügend, wenn Nostre Dame in dem Stücke überhaupt nur auftritt, ob ihre Rolle irgend welche Bedeutung hat, ist ihnen mehr oder weniger gleichgültig. Nostre Dame tritt niemals, sei es auch nur als Abgesandte Gottes, selbständig auf, sie erscheint nur im Gefolge Gottes, ihre Anwesenheit durch wenige, oft ganz überflüssige Worte kundgebend. Am weitsten gehen hierin die Mirakel vom h. Panthaleon und von Robert dem Teufel, in welchen Maria vollständig die Rolle eines Heiligen in einem andern Stücke spielt, in XXIII und XXIV hat man ihr wenigstens etwas zu thun überlassen: dort erweckt sie auf den Befehl Gottes die Kinder des Amille vom Tode, hier spricht sie in seinem Auftrage mit dem Eremiten und übergiebt ihm die Salbe für Ignace. Beide Male hielt jedoch der Dichter die Anwesenheit Gottes für unentbehrlich, und dürfen wir es daher als characteristisch für diese Stücke bezeichnen, dass sie Gott möglichst alles selbst besorgen, höchstens die Engel, niemals aber Nostre Dame entsenden lassen. Im Munde der Menschen wird der Name der Jungfrau kaum genannt, nur Ignace ruft sie ein Mal in der höchsten Noth neben Gott um Beistand an; das einzige Gebet, welches sich an sie wendet, ist das Roberts (XXXIII, 1028). Ebenso macht XXXIII eine bemerkenswerthe Ausnahme in Bezug auf

die Gesänge, es ist das einzige der 4 Stücke in dem die Rondels Loblieder auf Nostre Dame sind.

18) XXV. Das 25. Mirakel bildet in mancher Hinsicht ein Zwischenglied zwischen den beiden letztbesprochenen Gruppen. Wie in XXII ist keins der in dem Stück enthaltenen Gebete an Nostre Dame gerichtet, doch hat sie, wie in XXVI, wieder selbständig Befehle Gottes auszuführen, und sind daher auch die in ihrer Gegenwart gesungenen Rondels nicht mehr Loblieder auf Gott. Das eine ist ein Hymnus auf sie selbst, das andere ein Lied zur Bewillkommnung der Seelen.

19) XXIX. 22) XXXII. Diese beiden Stücke zeigen in Bezug auf die Person der Jungfrau Maria eine nicht unbedeutende Aehnlichkeit mit einander. Beide lassen ihre Heldin nur ein Mal und zwar auf ein an sie gerichtetes Gebet hin auftreten. Nostre Dame bittet Gott um die Erlaubniss, mit ihm zu der Unglücklichen gehen zu dürfen, um ihr Trost zu bringen, und Gott bewilligt ihre Bitte. Im Weiteren zeigen sich jedoch einige Abweichungen, welche uns nicht gestatten, die beiden Mirakel ohne Weiteres demselben Verfasser zuzuweisen. Während nämlich in XXIX Gott, das Gebet auf sich mitbeziehend, der Fille selbst alles Wesentliche mittheilt und der heil. Jungfrau nur die genauere Ausführung des bereits von ihm Gesagten überlässt, spricht er in XXXII nur wenige Worte von untergeordneter Bedeutung, Nostre Dame dagegen versäumt nicht, in ihrer Rede besonders hervorzuheben, dass die Fille ihre Rettung nur dem Umstande verdanke, dass sie ihre Hoffnung auf sie gesetzt habe. Das auf diese Scene folgende Dankgebet ist dementsprechend in XXIX an Gott, in XXXII an Nostre Dame gerichtet. Die Rondels besingen in beiden Stücken die Jungfrau Maria.

20) XXX. Der Dichter von XXX hat wie der von XXVI dadurch, dass er bald Jehan le Paulu, bald die Prinzessin sich im Gebet an Nostre Dame wenden lässt, seine Absicht, die Mutter Gottes zu feiern, zu verwirklichen gesucht. Auch stimmt er im Gegensatz zu XXVIII darin mit dem Verfasser dieses Stückes überein, dass er kein Gewicht darauf legt, ob dem Auftreten Gottes ein Gebet an Gott, dem Auftreten Marias ein Gebet an diese voraufgehe, er hat im Gegentheil sogar die Sache umgedreht und lässt Gott gerade das einzige Mal, wo Jehan zu Gott betet, seine Mutter absenden, während er, als Jehan zu Nostre Dame betet, ihm selber erscheint. Ob das Rondel Gott besingt oder die Jungfrau, ist davon abhängig gemacht, wer von ihnen den Zug führt, das erste Mal, dass wir eine derartige Unterscheidung gemacht finden. Das Dankgebet

wendet sich nach der ersten Erscheinung an Nostre Dame, fehlt nach der zweiten.

21) XXXI. Für dieses und die folgenden Stücke ist characteristisch, dass der Dichter möglichst Gott und Nostre Dame zugleich gerecht zu werden gestrebt hat. Die Gebete Berthas sind meist an beide gerichtet, und auch das Rondel wird beiden zu Ehren gesungen. Namentlich aber ist in dem Auftreten Gottes voraufgehenden Gebete streng darauf gesehen, dass keiner bevorzugt werde. So glaubt der Verfasser es motivirt zu haben, dass Gott aus eigenem Antriebe dem Mädchen Hülfe zu bringen sich vornimmt und in Gemeinschaft mit seiner Mutter diesen Entschluss ausführt.

24) XXXIV. Das Gebet, welches dem ersten Auftreten der Himmlischen vorhergeht, wendet sich an Nostre Dame und Gott, das, in dessen Folge Gott zum zweiten Male erscheint, nur an Gott. Dementsprechend ist das Dankgebet der Königin dort an die Jungfrau Maria, hier an Gott gerichtet. Das erste Rondel feiert Gott allein, das zweite zugleich auch seine Mutter.

25) XXXV. Das erste Gebet des Bürgers wendet sich nur an Nostre Dame, das dagegen, in dessen Folge Gott dem Flehenden erscheint, an Gott. Rondel zu Ehren beider. Die heil. Jungfrau spricht zwar vor Gott zu dem Bürger, die Hauptsache sagt aber doch der letztere, so dass hierdurch keine merkliche Abweichung von XXXI entsteht.

26) XXXVI. Nostre Dame würde hier ganz in der aus den vorstehenden Stücken bekannten Weise auftreten, wenn ihr nicht in der Gerichtsscene v. 414 ff. eine so wichtige Rolle zugetheilt wäre. Die Teufel und der Troisiesme Ange machen sich die Seele Pierre's streitig. Vor Gottes Richterstuhl citirt, begründen die ersteren zunächst ihre Ansprüche, der Engel, welcher ihnen keine gute That seines Clienten entgegenhalten kann, wendet sich an Nostre Dame um Beistand. Diese lässt sich von ihm ganz genau über die Person und den Character des Sünders informiren und hält nun ihrerseits die Vertheidigungsrede, in der sie Gott durch eine wohl angebrachte unwahre Behauptung hinter's Licht zu führen und ihrem Schützling die Freisprechung zu erwirken weiss. Gott nimmt sich bei dieser Gelegenheit im Ganzen recht kläglich aus; die Scene, wo er sich von Maria das corpus delicti reichen lässt und es, wie die Anmerkung sagt, »ein wenig besieht«, trotzdem aber von dem Betruge nichts merkt, macht einen geradezu komischen Eindruck. — Die Gebete sind fast durchgängig an Gott allein gerichtet, selbst das in Folge seiner Befreiung aus der Gewalt der Teufel von Pierre gesprochene lässt Nostre Dame ganz unbeachtet. Das Rondel dagegen feiert die Jungfrau Maria.

27) XXXIX. Die Stelle Nostre Dame's ist im Allgemeinen dieselbe wie in den vorhergehenden Stücken. In dem Gebete, auf welches die Erscheinung erfolgt, wendet sich Clotilde zwar direkt an Gott, versäumt jedoch nicht, Maria zum Schluss zu bitten, ihr »Advocat« zu sein. Es spricht dann sofort Gott, der seine Mutter und Jesus auffordert, ihn zur Erde zu begleiten. Es scheint danach der Verfasser Gott Vater und Gott Sohn als zwei verschiedene Personen aufgefasst zu haben, wenn nicht etwa anzunehmen ist, dass Jhesus nur ein Schreibfehler für »anges« ist. Nostre Dame ist nur Führerin des Gefolges, an das sie die Befehle des Herrn übermittelt. Das Rondel feiert sie allein.

II. Heilige und Engel.

Das Gefolge der h. Jungfrau besteht in den meisten Stücken aus den beiden Engeln Gabriel und Michael, zu denen in vielen noch Heilige, in einzelnen noch sogenannte Seelen oder andere Engel kommen. Den Heiligen wird gewöhnlich ein gewisser Vorrang vor den Engeln eingeräumt, sei es dadurch, dass sie von Gott oder Nostre Dame besonders zum Mitgehen aufgefordert werden, sei es dadurch, dass man sie den Engeln den Befehl zum Aufbruch geben lässt, oder dass, was für unsere Frage besonders in Betracht kommt, sie sich an dem Gesange der Engel nicht betheiligen. Die erste Gruppe führt, soweit Heilige in den ihr angehörigen Stücken auftreten, das Letztere consequent durch, auch die beiden erstgenannten Auszeichnungen sind in X und XIX, wenn auch nicht überall, in Anwendung gekommen. Daneben ist in X noch ein weiteres Mittel, die Heiligen vor den Engeln auszuzeichnen, benutzt worden, welches sich ausserdem in keinem andern Stücke wiederfindet, das ist das, dass die Engel in der Kirche ausser für Nostre Dame auch für die mit ihr kommenden Heiligen Sitze bereit machen müssen. In XIII, wo sich Maria ebenfalls einen Sitz herrichten lässt, sind keine Heiligen in ihrem Gefolge, es kann daher darüber, wie XIII sich in diesem Falle verhalten würde, kein Urtheil abgegeben werden. Die beiden Heiligen Eloy und Jehan, welche zur Verherrlichung der Kirchenscenen in X eingeführt sind, da der Grund der dort stattfindenden Feier das Fest des ersteren ist, sind in XIII durch eine Anzahl anderer himmlischer Wesen ersetzt worden, deren Gattung aus dem Stücke

nicht zu erkennen ist, da sie nur nebenbei erwähnt werden.
Die Worte der Mutter Gottes
  599. Sus dont, mes amis: sanz delay | Avec moy touz vous en venez
und des Deuxiesme Ange:
  703. De ce sommes tuit volentis,
sowie des h. Basilius, welcher 617 bloss von einer grossen Menge Menschen spricht, geben keinen Aufschluss über den Character der einzelnen Personen, deuten jedoch mit Sicherheit darauf hin, dass Nostre Dame hier zur Erhöhung der Feierlichkeit mit verstärktem Gefolge auftritt. Ausser in X begegnen wir einem Heiligen dann nur noch in XIX, und zwar ist es hier Jehan allein, der von vielen Mirakeln als zum Gefolge Marias hinzugehörig betrachtet wird. — Eine bemerkenswerthe Abweichung in Bezug auf das Gefolge der h. Jungfrau bietet allein XI, in dem neben Gabriel und Michael noch ein Tiers Ange ohne Namen vorkommt. Es erscheint zweifelhaft, ob dieser dritte Engel wirklich eine Schöpfung unseres Dichters ist oder nicht vielmehr einer falschen Auffassung des Schreibers sein Dasein verdankt. Wir neigen uns zu der letzteren Annahme, da einestheils der dritte Engel erst bei dem zweiten Auftreten Marias erwähnt wird, nachdem das erste Mal ausdrücklich nur von Gabriel und Michael gesprochen war, anderentheils schon beim ersten Auftreten vor der Rückkehr derjenige Engel, welcher zuerst gesprochen hatte, nachher noch einmal das Wort ergreift, im Ganzen die beiden Engel zusammen also drei Mal reden. Es ist immerhin nicht unwahrscheinlich, dass der Schreiber, welcher ausnahmsweise die Engel drei Mal reden sah, sich dieses auf seine Weise erklärte, indem er einen dritten Engel ohne Namen hinzufügte. Diese Vermuthung findet auch darin eine Bestätigung, dass, obwohl Gabriel und Michael stets in verschiedener Reihenfolge sprechen, der Tiers Ange stets der dritte bleibt. Wenn wir daher auch nicht den Tiers Ange ohne Weiteres als fremde Zuthat aus dem Stücke streichen dürfen, so kann sein Vorhandensein doch auch nicht als Grund zur Absonderung des 11. Mirakels von den übrigen dieser Gruppe dienen. Mit der oben erwähnten Eigenthümlichkeit von XIII aber darf dieser Fall nicht zusammengebracht werden, da die dort neben Gabriel und Michael auftretenden Engel nur als stumme Personen auf der Bühne mitwirken.

  8) Das 17. Mirakel ist das einzige, in welchem neben Gabriel nicht Michael, sondern ein anderer Engel, Raphael, auftritt. Ausser den beiden Engeln erscheinen dann noch Saint Jehan und die Seele des curé im Gefolge der Jungfrau; sie zeichnen sich indess kaum irgendwie vor den Engeln aus, da sie sogar die Gesänge derselben mitsingen müssen.

10) III, XIX, XV. In XIV erscheinen neben Gabriel und Michael die Heiligen Prist, Lorens und Agnès; die letztere findet sich auch in XV wieder, die beiden ersten dagegen sind durch St. Jehan und St. Eloy ersetzt worden; die beiden Heiligen in III heissen Estienne und Lorens. In Bezug auf das Singen beobachten nicht alle 3 Stücke dasselbe Verfahren. Während in XIV die Heiligen sich von dem Gesange ausschliessen, wenn sie sich im Gefolge der h. Jungfrau befinden, sich daran betheiligen, wenn Gott den Zug führt, lässt III die Engel stets allein, XV stets mit den Heiligen zusammen singen.

11) Die Bezeichnung der in IX auftretenden Heiligen Cristine und Agnès als »vierges« verräth, dass der Verfasser nicht umsonst gerade weibliche Heilige zum Gefolge seiner Heldin wählte. Sie nehmen an dem Gesange der Engel theil.

13) VIII. Der heil. Petrus, welcher in diesem Stücke erscheint, muss natürlich als betheiligte Person hier eine ganz andere Rolle spielen, als ein Heiliger sonst zu thun pflegt. Zwei Mal wird er von Gott als Bote zur Erde gesandt, und beide Male werden ihm die Engel als Gefolge mitgegeben, ihm liegt auch die Absolvirung des Sünders ob, und vor den Engeln wird er dadurch ausgezeichnet, dass er an ihrem Gesange sich nicht betheiligt. Trotz alledem ist er mit den Heiligen in XIV, die sich in einer ähnlichen Lage befinden, nicht zu vergleichen. Es fehlt ihm der frische, lebendige Geist, der St. Prist und seine Genossen beseelt, über die Stellung eines bescheidenen Dieners, der nichts will, als was sein Herr will, der einen, wenn auch nur scheinbaren Vorzug vor dessen Mutter aufs Eifrigste von sich weist, schwingt er sich nie empor.

14) XX, XXI, XXVIII. Die Rollen der Heiligen Peter und Paul waren jedenfalls in der Quelle schon vorgezeichnet, der Dichter behielt sie bei, da er bei seinem Prinzip weder Gott noch Nostre Dame an ihre Stelle setzen durfte — denn da diese nur in Folge eines Gebets erscheinen, hätte Constantin zu einem von ihnen beten müssen, was er als Heide nicht konnte —, die Engel aber nicht verwenden wollte, weil er dadurch den Eindruck auf das Gemüth des Kaisers abgeschwächt haben würde. Er lässt die Heiligen sonst indess nicht eingreifen. In XXVIII tritt Jehan wieder auf. Er sowohl wie Peter und Paul singen die Rondels mit.

15) XXVI, XXVII. In beiden Stücken tritt St. Jehan auf; er nimmt an dem Gesange nicht theil.

20) XXX. St. Jehan, singt mit. Ebenso 21) XXXI, 27) XXXIX.

22) XXXII. St. Jehan, Rolle ohne Bedeutung, singt nicht mit.

23) XXXIII. St. Jehan ergreift nur ein Mal in beiden in Frage kommenden Scenen das Wort. Sein Ver-

halten ist deshalb von besonderer Bedeutung, weil er beide Male nur auf dem Rückwege, nicht aber auch auf dem Hinwege sich an den Gesängen betheiligt. (vgl. 1260/65. 1970/75 1297/1306 2009: Touz en sommes entalentez).
24) XXXIV. Hier spricht Jehan überhaupt gar nicht, auf sein Vorhandensein ist nur aus den Reden der anderen zu schliessen. Wie es scheint, betheiligt er sich jedes Mal an dem Gesange.
25) XXXV. Loys wird weder von Gott noch von Nostre Dame, sondern von Michael, zum Mitgehen aufgefordert. Er singt mit.
26) XXXVI. In diesem Stücke tritt wie in XI ein Troisiesme Ange auf, der indess hier die besondere Rolle des Schutzengels des Pierre le Changeur übernommen hat. Er fehlt dem Anscheine nach bei dem dritten Auftreten Gottes.

III. Die Teufel.

1) X, XI, XIII, XIX. 2) V, VI. 6) XII. In der ersten Gruppe treten Teufel nur in XIII auf, obwohl der Stoff auch in XIX die Einführung derselben gestattete. Auf ihr Vorhandensein an und für sich ist hier allerdings wenig Gewicht zu legen, da sie der Dichter sicherlich schon in seiner Vorlage vorgefunden hat, wie denn auch in VI der Teufel jedenfalls nicht als eine Schöpfung des Verfassers angesehen werden darf. Dagegen mag ihr Fehlen in XIX bekunden, dass der Dichter einen Teufel nur in solchen Stücken auftreten lassen wollte, deren Stoff es gestattete, ihm eine hervorragende Rolle zuzutheilen. Der Teufel von VI gehört nothwendig zum Inhalte, die beiden in XIII haben ebenfalls ihre Bedeutung, da sie den abtrünnigen Julian zur Hölle schleppen müssen, wie schon die Legende vorschreibt. Nicht so in XII. Dort ist der Teufel eine so nebensächliche Person, dass die Scenen, in denen er auftritt, recht gut weggelassen werden können, ohne dass die Wirkung des Stückes beeinträchtigt, der Gang der Handlung beeinflusst würde. Der Verfasser von XII würde wahrscheinlich auch in XIX einen Teufel eingeführt haben, der Verfasser von XIII brauchte es nicht.

Auf den ersten Blick nun scheinen der dyable, der den heil. Jehan verfolgt, und Beleal und Sathan, die den Kaiser Julian zur Hölle schaffen, wenig mit einander gemein zu haben; schon allein der Unterschied in der Benennung scheint auffallend. Indess ist hierbei zu beachten, dass, sobald nur ein Teufel in einem Mirakel auftritt, dieser niemals einen besonderen

Namen erhält, sondern einfach als »le dyable« oder »l'ennemi« figurirt, während bei dem Auftreten mehrerer ihnen stets zur Unterscheidung bestimmte Namen beigelegt werden. Dass aber ferner in VI nur ein Teufel, XIII dagegen zwei, ja wie es nach einem Ausrufe des einen sergent scheint, einmal sogar eine ganze Anzahl Teufel auf der Bühne auftreten, dafür ist der Grund in einem fast allen Mirakeln gemeinsamen Gebrauche zu suchen. Man nahm nämlich nur dann mehrere Teufel auf, wenn eine Seele zur Hölle getragen werden musste, in allen andern Fällen genügte ein einziger. Es ist dies eine Sitte, welche darin ihr Gegenstück findet, dass zwar immer nur ein Engel als Bote gebraucht, eine Seele aber stets von zweien geholt wird.

Dürfen diese beiden Punkte nun allerdings als unterscheidende Merkmale der beiden in Rede stehenden Mirakel nicht aufgefasst werden, so zeigen sich doch im Einzelnen in dem Benehmen der Teufel noch mancherlei Abweichungen, welche eine Zusammenstellung von VI und XIII sehr unwahrscheinlich machen. Sathan und Belial treffen sich das erste Mal ausserhalb der Hölle. Belial erzählt, wie er Julian dazu gebracht hat, Basille und seine Stadt zu vernichten; auch der premier dyable giebt darauf eine schnurrige Geschichte zum Besten, die aber mit der Handlung gar nichts zu thun hat, worauf beide in der unbändigsten Weise ihrer Freude Ausdruck geben. Die ganze Scene macht den Eindruck, als ob zwei Clowns sich unterhielten. Nicht so vergnügt sind die beiden bei dem nächsten Zusammentreffen. Sie ärgern sich über Julians Tod, den sie nicht haben verhindern können, da Maria »zu stark ist«, trösten sich aber schliesslich damit, dass ihnen wenigstens Julian sicher ist, den sie nun »a grant feste« zur Hölle schaffen. Dies geschieht, wie in III, vermittelst einer Tragbahre, da ausser der Seele auch der Körper des Sünders mitgenommen wird.

Der Teufel des 6. Mirakels ist ein roher Geselle, dem menschliches Fühlen fremd ist. Jehan bannt ihn leicht durch Anrufung Gottes und der Jungfrau, indess verschwindet er nach der Beschwörung nicht plötzlich, wie in XVI, sondern weicht nur zornig der Gewalt, neue Kränkungen verheissend. Die Worte Gabriels, als ihn Michael auffordert, mit ihm die Seele der Anthure zu holen:
1526. Alons, que Sathan ne l'enlasse, | Qui droit n'y a.
scheinen darauf hinzudeuten, dass Sathan zuweilen auch Seelen raube, welche ihm nicht zukommen. Jedenfalls machen sie es unwahrscheinlich, dass er jede Seele erst zur Aburtheilung vor Gott führt. — Eine komische Wirkung scheint durch das Auftreten der Teufel nicht beabsichtigt.

Ich füge noch hinzu, dass die Teufel in XIII von Maria immer nur als Maroye reden — wenngleich niemals im Reim, wie Julleville glaubt, dem wohl III 898 und 976 vorgeschwebt haben —, während XII (1213) sie Marion, VI (719) allein sie Marie nennt; sonst kommt der Name im Munde der Teufel nicht vor.

7) XVI. Die Teufel führen hier dieselben Namen Sathan und Belial wie in XIII, und es läge daher nahe, eine Vergleichung beider Stücke in Bezug auf diese Personen vorzunehmen. Indess bedingt die Verschiedenheit der Stoffe ein so verschiedenes Auftreten der Teufel, dass für eine Vergleichung derselben nur sehr wenig Anhaltspunkte zu finden sein würden. Immerhin sei bemerkt, dass die Unterredungen Sathans und Belials nicht wie in XIII darauf angelegt sind, die Lachlust des Publikums zu erregen, und dass hier ein Teufel auf eine, wenn auch unwillkürliche Beschwörung — einfache Nennung Gottes — hin plötzlich verschwindet, wenn er nicht durch den Beschwörenden selber zum Bleiben gezwungen wird. Auch werden hier zum ersten Male Verführungen vor den Augen des Publikums versucht, welche aus den früher besprochenen Stücken verbannt bleiben mussten, weil dem allgemeinen Gebrauche nach derartige Versuche nur dann zur Darstellung gebracht werden, wenn sie nicht gelingen. Auffallend mag jedoch wieder erscheinen, dass hier 2 Teufel auftreten, trotzdem keine Seele in die Hölle zu schaffen ist. Von diesen beiden kann natürlich immer nur einer der Versucher sein, es musste also ein Grund gefunden werden, dass bald der eine, bald der andere dieses Geschäft besorgt, und es gelang sehr einfach in der Weise, dass der Dichter den ersten Versucher durch seine Niederlage so entmuthigt sein liess, dass er einen zweiten Versuch nicht wagte. Dadurch nimmt dieser Teufel sich seinem Vetter in VI gegenüber ziemlich erbärmlich aus. — Der Hass gegen Nostre Dame, der in VI und XIII so völlig die Gespräche der Teufel beherrscht, tritt hier ganz zurück; man spricht von ihr überhaupt nicht.

9) l. 26) XXXVI. Die Teufel in I haben mit denen, die wir bisher kennen gelernt haben, so viel wie nichts gemein. Es sind im Ganzen genommen recht gutmüthige Leute, welche den flehentlichen Bitten der Dame nicht zu widerstehen vermögen. Andererseits aber gehören sie auch nicht zu jenen, welche vor dem blossen Namen Gottes oder der Jungfrau erbleichen und ohnmächtig nicht gegen ihre Macht anzukämpfen wagen. Dem Befehle Marias den Fil fahren zu lassen, da er unter ihrem Schutze stehe, leisten sie einfach nicht Folge und berufen sich auf den Richterspruch Gottes, vor welchem sie

dann neben Nostre Dame eine völlig gleichberechtigte Partei
bilden. Selbst nach gefälltem Urtheil wagen sie in höchst
unehrerbietigem Tone von Gott und seiner Mutter zu sprechen:
1383. Pour sa mére n'en ose el faire: Il seroit batuz au retour
Si lui faisoit riens de contraire,
Eine gleiche Scene, wo Nostre Dame und die Teufel sich einen
Menschen streitig machen, kommt ausserdem im 36. Mirakel
vor. Das Verhalten der Teufel ist dort ein ganz ähnliches,
sogar die oben angeführte Stelle findet sich in wenig veränderter
Form dort wieder:

584. touz jours nous est ennemis,	587. Et s'il le faisoit, abatnz
Quant'sa mére vient a l'afaire;	Seroit de sa mére et batuz
Autrement ne l'oseroit faire,	Dessus ses fesses.

Wahrscheinlich handelt es sich hier wieder um eine Benutzung
des ersten Mirakels seitens eines der später abgefassten. Die
Namen Lucifer und Belgibus sind in XXXVI zu Sathan und
Vehemot geworden.

10) XIV, III, (XV). Die Teufel von XIV sind in mancher
Hinsicht von denen in I und XXXVI verschieden. Gott sendet
Gabriel mit dem Befehl an Sathan, Estienne ins Fegefeuer zu
schaffen, ihn dort zu schlagen, aber nicht zu tödten. Sathan
scheint demnach der oberste Teufel zu sein, welche Rolle in
I Lucifer zugeschrieben wird, während XXXVI hierüber
nichts Bestimmtes angiebt. Eine der nächsten Scenen
zeigt uns dann Sathan mit Vehemot im Gespräch. Letzterer
giebt seiner Wuth darüber Ausdruck, dass der Archidiaconus nur
ins Fegefeuer gekommen sei, da er zu guter Letzt noch
Busse gethan habe, Sathan tröstet ihn mit dem eben
erhaltenen Auftrage. Beide vereint überfallen darauf den
Estienne und schleppen ihn auf ihren Schultern (: sur noz colz
460:) hinweg. Es scheint sich in diesen Scenen der Gedanke
kundzugeben, dass die Teufel wie die Engel nur einfache
Diener Gottes seien, ohne dessen Schiedsspruch sie keine Seele
anrühren dürfen, eine bisher noch nicht ausgesprochene Anschauung. Ihr bösartiger Character entspricht mehr VI und
XIII, als I. Dagegen zeigt die Scene, wo die Heiligen Estienne
aus der Hölle holen, in Uebereinstimmung mit I und XXXVI,
dass sie vor ihnen und der Jungfrau nur geringen Respekt
haben; erst der ausdrückliche Befehl Gottes vermag sie zur
Auslieferung des Gefangenen zu bewegen.

III. Die Teufel, wie in XIV Sathan und Vehemot genannt,
sind von demselben bösartigen Character. Sie führen ebenfalls
die Seelen, bevor sie sie zur Hölle bringen, zur Aburtheilung
vor Gott, selbst wenn es, wie hier, offenbar ist, dass dieselben
zu ewiger Verdammniss bestimmt sind. Dass die Teufel Nostre

Dame mit dem verächtlichen Namen Maroye belegen, fand sich auch schon in XIII, dem Stücke, welchem XV auch sein Rondel entnommen hat; der Name Maria kommt aus ihrem Munde in XIV zwar nicht vor, doch finden sich Gegenstücke dazu in den Namen Lorentin für Lorens und Agnesot für Agnes. Der Unterschied in der Art des Fortschaffens des Bischofs in III und des Estienne in XIV — bei dem Bischof bedienen sie sich wie in XIII einer Tragbahre — mag darin seinen Grund haben, dass Estienne noch lebt, während der Bischof todt ist.

11) IX. In diesem Mirakel sind ohne sichtbaren Grund 2 Teufel aufgeführt, deren Namen, Sathan und Beelzebuz, uns allein interessiren, da der letztere in I als Belgibus oder Belzebus dreisilbig, hier aber viersilbig gebraucht wird.

12) XVIII. Der Teufel, l'ennemi genannt, tritt wie in VI das erste Mal ohne irgend welche Verhüllung, das zweite Mal wie in XVI als Bote verkleidet auf. Die erste Scene schliesst sich sehr eng an die Heimsuchung Jehans in der Wüste an. Nicht nur dass hier wie dort der Teufel sich ganz offen zu erkennen giebt, er wird auch in vorschriftsmässiger Weise gebannt und entflieht dann mit einer Drohung. Indess ist hier bezeichnend genug in der Beschwörungsformel die heilige Jungfrau, welche in VI zur Dreieinigkeit gezählt wurde, gestrichen und das Hauptgewicht auf das Zeichen des Kreuzes gelegt, welches Theodore bei ihrem Gebete macht (cf XVI). — Das zweite Auftreten des Teufels ist mit der Versuchung der mére in XVI nahe verwandt. In beiden Stücken verschwindet er nicht nur plötzlich auf eine zufällige Anrufung Gottes hin, sondern diese Anrufung ist auch ziemlich gewaltsam in ein Gebet, das sich im Uebrigen an Nostre Dame wendet, eingeschaltet, in der offenbaren Meinung des Dichters, dass ein Gebet zu Nostre Dame nicht genüge, um einen Teufel zu bannen. In XVI ist dabei die vorgeschriebene lateinische Formel etwas unpassend angebracht, hier thut der blosse Name Gottes dieselbe Wirkung.

18) XXV. In diesem Stücke treten die Teufel, von denen der eine Sathan heisst, erst gegen das Ende auf, doch ist ihre Gegenwart an und für sich ein beachtenswerthes Factum, da sie in keinem der nächst verwandten Stücke existiren. Sie tragen erst den todten Kaiser, dann auch den noch lebenden Kerkermeister zur Hölle. Einer Tragbahre bedienen sie sich dabei beide Male nicht, auch ist nicht anzunehmen, dass sie, wie das sonst stets bei einer solchen Gelegenheit geschieht, die Seele und den Körper nach einander holen. — Da der Kaiser »est nostre par droit acquis«, braucht er nicht erst vor den Richterstuhl Gottes geführt zu werden. — Um den Kerker-

meister fortzuschaffen, erscheinen sie in grösserer Anzahl (1328
Entour moy ne voy qu'ennemis)

20) XXX. Der Teufel verführt in der Gestalt eines Dieners
den Eremiten Jehan le Paulu zu einem Verbrechen gegen die
Tochter des Königs. Seine Rolle ist nur insofern bemerkenswerth, als sie das einzige Beispiel bietet, dass eine Verführung,
welche der Teufel vor den Augen des Publikums versucht,
gelingt. (vgl. 7)

IV. Papst und Eremiten.

1) Die Eremiten, welche in den Stücken der ersten Gruppe
auftreten, sind zwar alle ungewöhnlich fromme Männer und
erfreuen sich deshalb der besonderen Freundschaft der Himmlischen, aber sie theilen diesen Vorzug mit anderen Leuten,
selbst mit Laien. Ihre gänzliche Abgeschiedenheit von der Welt
ist wiederholt hervorgehoben, sonst erfahren wir über ihre
Lebensweise nichts.

In I und IV wird den Eremiten der Genuss von himmlischem Manna zu Theil, der in II muss sich kümmerlich selbst
ernähren. Vgl. die Worte des Einsiedlers zum Bischofe, als
dieser sich nach dem Kinde erkundigt:
1222. Vez le cy, vez ou je le tien. ⋮ Ne lait ne fleur.
    Mais encore n'ay pour li rien, ⋮

7) XVI. Der Papst geniesst in diesem Stücke ein besonders
hohes Ansehen. Er ist die letzte Instanz bei schweren Sünden
und daher allein im Stande, der mére Absolution zu ertheilen.
Bezeichnend ist für diese Ansicht, dass ihn die Mutter deshalb
in ihrem Stolze den Gott auf Erden nennt. Den Teufel erkennt
er trotz seiner Verkleidung und tritt ihm furchtlos entgegen.

8) XVII. Die Eremiten nähren sich mühselig von Wurzeln
und wilden Früchten, doch wird dem einen göttliche Inspiration
zugeschrieben (v. 1040 ff.).

Der Papst, welcher sonst überall als jedem zugänglich
dargestellt wird, hat hier als hoher Herr keine Zeit, sich, wie
der Penancier sagt, mit »de ton obscurté la matére« abzugeben
(1030).

9) I. Eigenthümlich ist die Vorstellung von I. Der Papst
erscheint hier als ein milder Mann, der dem Fil gern hülfe,
wenn er nur könnte; er kann jedoch nichts thun, als mit seinen
Kardinälen für ihn beten und ihn einem frommen Einsiedler
empfehlen, dessen Beistand wirksamer ist als der seinige. Dieser
Eremit ist der Beichtvater des Papstes — in XVI und XVII
bekleidet dieses Amt ein Geistlicher, der Penancier — er verkehrt

mit Gott, der ihm täglich seine Nahrung durch einen Engel sendet. Eine Scene zeigt uns, wie der Engel dem frommen Manne wegen des bevorstehenden Besuchs die doppelte Ration bringt, eine Fürsorge, gegenüber welcher man nicht einsieht, wasfür andere Entbehrungen das Leben eines Einsiedlers so verdienstlich machen. Indess auch dieser Mann ist nicht fromm genug, ein zweiter, ein dritter ist noch frommer, und bei diesem letzten kommt dann schliesslich die Errettung zu Stande.

10) XIV, (III, XV). Der Papst zeigt hier weder die Milde seines Kollegen in I, noch das entschiedene Auftreten wie in XVI, wir sehen ihn vielmehr mit einer abergläubischen Furcht vor dem Teufel behaftet, die ihn alle kirchlichen Mittel, den Bösen zu bannen, gebrauchen lässt, ohne dass ihre Unwirksamkeit ihn von der Unschädlichkeit Estiennes völlig überzeuge.

11) IX. Papst und Eremiten sind hier von auffallend gehässigem Character. Ihr Benehmen gegen den reuigen Herzog steht in schroffem Gegensatz zu ihrem Verhalten in allen anderen Stücken, nur dem Papst in XIV und dem Einsiedler in II wäre vielleicht ein solcher Mangel an christlicher Liebe zuzutrauen. Die Thatsache, dass Wilhelm weit und breit berüchtigt war, kann nicht als Entschuldigung für sie dienen, da doch auch der Räuber in XI freundlich von dem ehrwürdigen Einsiedler aufgenommen wird. — Von einem Verkehr der Eremiten mit den Himmlischen kann hier nicht die Rede sein, und auch der Genuss des himmlischen Mannas ist ihnen versagt. Selbst in ihrem Verhältniss zum Papste haben sie, wenigstens im Vergleiche mit I, an geistlicher Gewalt eingebüsst. Während dort die geistliche Gewalt der Eremiten offenbar als über der des Papstes stehend betrachtet wird, der Papst den Sohn wegen der Taufe an sie verweisen muss, muss hier der Sünder von ihnen zum Papste pilgern, um eine einfache Absolution zu erlangen.

13) VIII. Der Eremit nimmt hier Gott gegenüber eine bevorzugtere Stelle ein als der Papst; wo sich dieser nicht mehr zu helfen weiss, weiss jener Rath. Als der dankbare Papst ihm sagt:

581. Grant homme vous feray, par foy; | Com voulrez, soit petite ou grande:
    Ou demandez tele prouvende | Voir vous l'arez.

antwortet er ablehnend, indem er die Vortheile seines Standes hervorhebt:

587. Je sui hors de tout annuy | Et de l'empeschement du monde.

von himmlischem Manna spricht er nicht

23) XXXIII. In ähnlicher Weise wie in I wird Robert der Teufel, als er bei dem Papste Absolution sucht, von diesem an seinen Beichtvater, einen Eremiten, gewiesen. Indess gesteht

hier der Papst durchaus nicht ein, dass die Absolvirung Roberts nicht in seiner Macht liege, er stellt ihn nur unter die ordenance des Eremiten, etwa wie in IX, wo der Papst den Herzog an den Patriarchen von Jerusalem verweist. Auch nennt er den Einsiedler »un mien confesseur,« einen meiner Beichtväter, und nicht, wie in 1, »mon confesseur.« Seinen Aufenthaltsort giebt er ihm genau an, ohne allerdings seinen Namen zu nennen. Diese ganze Scene macht den Eindruck, als wenn sie eine Nachahmung von I sei. Für das Verhältniss des Papstes zum Kaiser sind characteristisch die stolzen Worte des letzteren v. 2040/47 und die Reden 2102/15. Vgl. dagegen XXVII, 1789 ff.

V. Das Verhältniss der beiden Engel zu einander.

Gabriel und Michael erscheinen bald im Gefolge Gottes oder Marias, bald allein, als Boten von Gott entsandt. Daraus nun, ob Gabriel auf einen Befehl Gottes oder seiner Mutter stets zuerst antwortet oder hierin mit Michael mehr oder weniger regelmässig abwechselt, ob Gott jedes Mal Gabriel als Boten entsendet oder Michael ebenso häufig verwendet, lässt sich ein Schluss ziehen, ob der betreffende Dichter Gabriel als eine höher im Range stehende oder als eine Michael gleichstehende Person ansah. Die einzelnen Mirakel weichen hierin sehr von einander ab. Wir betrachten im Folgenden nur diejenigen, ein welche prinzipmässiges Vorgehen erkennen lassen.

2) In VI antworten auf einen Befehl der heil. Jungfrau stets beide Engel, jedoch jeder für sich. Ein Vorrang vor dem andern wird keinem zugestanden. Zwar redet auf dem Wege zur Erde immer Gabriel zuerst, auf dem Rückwege aber nur das erste Mal, während das zweite Mal und die beiden Male, als Gabriel und Michael zusammen die Seele der Anthure holen, Michael zuerst spricht, so dass auf diese Weise das Gleichgewicht wieder hergestellt wird. Es steht hiermit vollkommen im Einklang, dass Gott zur Ausführung seiner Befehle abwechselnd Gabriel und Michael entsendet. Dasselbe Vorgehen scheint V zu beobachten.

3) VII. Gabriel spricht stets vor Michael.

4) II. Gabriel und Michael reden abwechselnd, so jedoch, dass auf dem Wege zur Aebtissin Gabriel, auf dem Wege zum Eremiten Michael zuerst spricht.

5) IV. Ebenso, doch ist hier auffallend, dass Nostre Dame sich mit ihren Befehlen nicht, wie das sonst zu geschehen pflegt, an beide Engel, sondern immer nur an den wendet, welcher ihr nach der Reihenfolge zuerst zu antworten hat.

6) XII. Das erste Mal spricht Gabriel vor Michael, das zweite Mal Michael vor Gabriel, auf dem Rückwege stets in umgekehrter Reihenfolge.

7) XVI. Abwechselnd Gabriel und Michael, vor den Gesängen steht jedes Mal Michael zuletzt.

9) I. Gott entsendet an die Eremiten abwechselnd Gabriel und Michael.

10) III, XIV, XV. Gabriel redet in allen 3 Stücken stets vor Michael. In XIV überbringt er ausserdem den Befehl Gottes an Sathan, und als die beiden Engel den Archidiaconus holen, theilt er wieder diesem ihren Auftrag mit. Offenbar wird also Gabriel der Vorrang vor Michael zugestanden.

11) IX. Bei dem ersten Auftreten Nostre Dame's ist streng darauf gesehen, dass auf dem Rückwege Heilige wie Engel genau in umgekehrter Reihenfolge reden. In der zweiten hierher gehörigen Scene lässt sich dagegen durchaus kein Prinzip erkennen.

12) XVIII. Als Boten treten abwechselnd Gabriel und Michael auf, sonst kein bestimmtes Vorgehen.

14) XXI. Gott entsendet 2 Mal hinter einander Gabriel mit einer Botschaft zur Erde.

16) In XXIII werden abwechselnd Gabriel und Michael von Gott als Boten verwandt.

17) XXIV. Wie es scheint, wird Gabriel vor Michael bevorzugt.

19) XXIX. Gabriel spricht stets vor Michael.

20) XXX. Die Engel reden immer abwechselnd, doch ist darauf geachtet, dass auf dem Hin- und Rückwege dieselbe Person den Schluss bildet.

22) XXXII. Auf dem Wege zur Erde sprechen der Reihe nach alle Personen des Gefolges, zwischen je zweien aber stets Gott oder Nostre Dame. Auf dem Rückwege antwortet auf den Befehl Marias nur Gabriel.

27) XXXIX. Wie es scheint, wird Gabriel ein Vorrang vor Michael zugestanden. Er spricht auf dem Wege zur Erde zuerst, auf dem Rückwege zum Paradiese allein.

VI. Bestrafung ungetreuer Gattinnen.

Das, möchte ich sagen, streng vorschriftsmässige Vorgehen, welches wir bei mehreren Gelegenheiten bei dem Verfasser von XII beobachten können, tritt uns auch in dem Verhalten des Marquis seiner ungetreuen Gemahlin gegenüber entgegen. Die

Zeugen sind da, die Schuld scheint erwiesen, trotzdem verurtheilt er sie nicht eher, als bis er seine Ritter einzeln um ihre Meinung über diesen Fall gefragt hat. Ein derartiges gesetzmässiges Vorgehen des Eheherrn bei der Verurtheilung seiner Frau findet sich in keinem andern Stücke wieder. Am meisten Verwandtschaft zeigt IV, welches den König das Urtheil wenigstens mit grossem Widerstreben sprechen lässt, während XXVII, XXVIII, XXIX und XXXII, welche hier ausserdem noch in Betracht kommen, ihren Fürsten ohne weitere Ueberlegung die Entscheidung aussprechen lassen. Wir stellen die betreffenden Stellen zur Vergleichung zusammen:

XII 773. Ja soit ce qu'el me fait si mal
Que pour li vouldroie estre ou val
D'entre Goth et Magoth tout nu,
Mais qu'il ne li fust advenu,

Tant l'ain encor et tant l'ay chier
764. Il me fait moult mal que la dame
Me convient condampner a mort

1157 erklärt der Marquis auch, die Hinrichtung nicht mit ansehen zu wollen.

IV, 1265. Et la faites, sanz delaier,
Laval en sus de moy ardoir.
Je ne la pourroie veoir
Se paradis avoir devoie.
Plus que riens du monde l'amoie,

Mais il m'estuet justice faire.
La doulce vierge debonnaire
Vueille avoir de s'ame merci.
Je ne puis plus arrester ci
A Dieu, ma suer!

In XXVII verurtheilt der Kaiser seine Frau auf die einfache Aussage des frére hin, und als der Deuxiesme Chevalier ihm vorwurfsvoll zuruft: »C'est vostre femme,« antwortet er barsch:

1006. Taisiez! fait m'a si grant diffame
Que digne n'est pas de plus vivre.

Faites que j'en soie delivre
Trestout en l'eure

Vgl. hiermit XXIX, 412 Deux. Chev.

refraingniez vostre yre:
C'est vostre fille.
Le Roy: Brief, je n'y aconte une bille.

De devant moy, plus ne tardez,
L'ostez, allez, et si l'ardez
Isnellement

Aehnlich in XXVIII und XXXII. Man wird zugeben, dass, wenn derselbe Mann auch schliesslich die Scenen in IV und XII geschrieben haben kann, es doch höchst gewagt sein würde, ihm auch die Autorschaft der übrigen Stücke zuzuschreiben; dazu ist die Auffassung zu verschieden.

Wenn dann nachher die Unschuld der Frau offenbar wird, ist wiederum das Verhalten des Gatten nicht überall dasselbe. Der König von Portugal erkennt sofort daran, dass Nostre Dame sich für seine Gemahlin interessirt, dass sie eine »heilige Frau« sei; er hält sich selbst für den Sünder und bittet sie um Verzeihung für sein Vergehen. In ähnlicher Weise handelt der Marquis in XII (1382 ff.). Alle übrigen Stücke sprechen nur von einer Versöhnung der beiden Gatten. Die in XV wegen Ermordung ihres Kindes zum Tode verurtheilte Bürgerfrau wird nach der Wiedererweckung des Kindes ebenfalls einfach freigelassen.

VII. *Verhalten auf Reisen.*

Das Verhalten der auf Reisen befindlichen Personen ist im Allgemeinen in allen Mirakeln dasselbe. Es ist den Dichtern für gewöhnlich völlig gleichgültig, ob der Wandernde den Weg kennen kann, ob ihm die Person, die er aufsucht, bekannt ist oder nicht. Er geht von dem einen Orte fort und kommt in dem anderen an, wo er dann gleich mit merkwürdigem Glück die richtige Person aufzufinden weiss. Von Interesse ist hier vorzugsweise nur das Verhalten der Reisenden in XVII und XXV; in XVII deshalb, weil der Verfasser es hier mit einer seltenen Gewissenhaftigkeit nie unterlässt, seinen Mann unterwegs einen Monolog darüber halten zu lassen, welcher Weg ihn am schnellsten zum Ziele führt, in XXV deshalb, weil dort der Dichter mit nicht geringerer Gewissenhaftigkeit darauf achtet, dass Personen, welche sich früher noch nicht gesehen haben, sich nicht erkennen, selbst wenn sie sich nothwendig erkennen müssen. Man betrachte nur die folgenden Citate aus XVII:

Filz 46. Pour miex aler de ceste sente Tendray l'adresse.
247. Tout droit iray par ce sentier
God. 816. Par cy sera mon chemin pris
Premier pour querre plus brief tour.
1076. Ce chemin sanz autre sentier
Iray touzjours sanz nul esloing;

Car tant que je seray bien loing Ne m'est mestier que je le change, Ne quere d'autre voie change Pour le laissier.
1408. Pour plus trouver la voie briéve, Ce chemin ci aler vourray.

Parallelstellen sind mir sonst nur vereinzelt zu Gesicht gekommen, so

XXV, 10. Alons, prenons par ci nostre erre: | C'est, ce m'est avis, le plus court.

In Hinsicht auf das Erkennen der Gesuchten kommen schon mehr Stücke in Betracht. Meistens erkennt der Suchende den Gesuchten sofort, selbst wenn er ihn, wie in XXVIII Berengar die Fille und die Damoiselle, früher sicherlich noch nie gesehen hat. Der Filz in I weiss nie, ob der, den er sieht, der Richtige ist, der Filz und Godart in XVII erkennen ihren Mann stets mit einiger Sicherheit nach der ihnen gegebenen Beschreibung oder anderen Kennzeichen, so der Filz den Einsiedler (120) an »son semblant plain d'umilité,« Godart den Penancier an dem »estat devot qu'il a.« Nur als Godart seinen Eremiten trifft, ist er etwas unsicher, ob es wirklich der richtige ist, doch glaubt er wenigstens die Wohnung desselben nach der Beschreibung zu erkennen (cf. 1220 ff.). Dieser Zug ist ebenfalls XVII eigenthümlich. In XXV nun erkundigen sich die abgesandten Escoliers bei einem Nervier nach dem Aufenthalte Valentins und fragen diesen selbst sogar nach ihm, von einem Erkennen nach seinem Aeusseren ist also keine Rede. Ja, späterhin geht der Verfasser in seiner Gewissenhaftigkeit so weit, dass er Chaton den Valentin sich von dem vorausgeeilten vierten Escolier zeigen lässt, trotzdem er ihn als den einzigen Fremden in der Gesellschaft nothwendig erkennen musste. Dieser Eigenthümlichkeit des Dichters mag es auch zuzuschreiben sein, dass Chaton sich noch so völlig unbekannt mit der christlichen Lehre zeigt und selbst von Jesus noch nichts gehört hat. — Uebrigens will ich nicht unerwähnt lassen, dass auch Libanius XIII, 911 sich bei einem Bürger nach dem heil. Basilius erkundigt, dass in XXI der Bote den Barlaam selber nach ihm fragt, ihn dann aber gleich, noch ehe er Auskunft gegeben hat, an der Stimme erkennt. — Dass in XXI (v. 188) der Bote unterwegs eine Pause macht um zu trinken, der Escuier in XXXI (v. 2653) sogar eine vollständige Mahlzeit hält, ist für unsere Frage als allein stehendes Factum nicht von Bedeutung.

VIII. Der Schluss.

1) 2) Sämmtliche Mirakel der ersten und zweiten Gruppe zeigen, soweit reuige Sünder in ihnen vorkommen, den gleichen Ausgang. Die Nonne in VII kehrt wieder in ihr Kloster zurück, ihr Gemahl wird Mönch; der Chanoine in XIX, der Larron in XI und Libanius in XIII bringen den Rest ihres Lebens als Eremiten in der Wildniss zu, und die junge Frau des ersteren geht in ein Kloster. — Für XIII und XIX wird jedoch der Schluss dadurch noch besonders interessant, dass beide Stücke mit auffallender Uebereinstimmung ihre Heldin zu Libanius resp. dem Chanoine Worte sagen lassen, in denen sich ein Gedanke ausspricht, der uns sonst in keinem andern Mirakel begegnet. Ich meine die folgenden Stellen:

XIX, 1261. Je te promet que l'eritage
 De paradis sanz fin aras
 Et ycy plus ne demourras.
 En un autre lieu t'enmenray
 Et souvent te visiteray
 Jusqu'en la fin de ton trespas.
XIII, 1563. A ton hermitage

Ne vueil je plus que tu retournes,
Mais d'avec moy venir t'aournes:
En un autre bien te menray
Demourer, que je te donray;
La tenray j'avec toy convent;
La te visiteray souvent,
 Mon chier ami.

Was da nun für ein anderer Ort gemeint ist, zu dem sie ihren Diener führen will, ist mir unklar, jedenfalls ist es nicht, wie Julleville glaubt, das Paradies, wie schon eine oberflächliche Durchlesung der angeführten Stellen zeigt. Ob aber die grosse Aehnlichkeit derselben für oder wider die Annahme eines Verfassers spricht, wage ich so nicht zu entscheiden, ich verweise jedoch darauf, dass auch in Bezug auf die Rondels XIX mit andern Mirakeln derselben Gruppe auffallende Uebereinstimmungen zeigt.

4) II. Der Bischof erklärt, als er das Wunder, welches Nostre Dame an der Aebtissin gethan hat, erfährt, dass eine Frau, welche so augenscheinlich von der Mutter Gottes bevorzugt werde, eine heilige Frau sein müsse und demgemäss auch eine bessere Stellung in der Welt verdiene. Sie erhält eine grössere und einträglichere Abtei. Selbst der Eremit, dem Maria das neugeborene Kind gebracht hat, opfert mit Freuden sein beschauliches Dasein einer glänzenderen Lebensstellung.

5) IV. Die Königin von Portugal ist durch die Hülfe der Jungfrau noch keineswegs von ihren Sünden frei; Nostre Dame selbst überreicht ihr ein Nonnengewand, in dem sie das Ende ihrer Tage erwarten soll, und thatsächlich zieht auch nicht nur sie, sondern auch der König sich in die Stille eines Klosters zurück. Das Reich vermachen sie den Armen! Dem Eremiten aber, dem doch König und Königin genug Ursache haben sich dankbar zu erweisen, wagt keiner den Antrag zu stellen, aus seiner Einsamkeit in das Treiben der Welt zurückzukehren.

6) XII. Der Marquis tritt Anthenor zum Dank für den seiner Gemahlin geleisteten Beistand die Hälfte seines Landes ab. Zum Schluss singen alle zusammen das Lied »Pour l'amour du temps gracieux«. Die sonst sich so nahe stehenden Stücke IV und XII gehen in Bezug auf ihren Ausgang also weit aus einander.

7) XVI. Papst und Kardinäle begeben sich unter Absingung des Liedes »Regina celi, letare, etc.« zur Kapelle.

9) 1. Der Filz und seine Eltern gehen nach der glücklichen Errettung des ersteren nicht in ein Kloster, sondern begeben sich fröhlichen Sinnes in den Garten. Auf dem Wege dahin singen sie das Lied »Te Deum laudamus.«

10) Für III, XIV, XV ist zunächst in Hinsicht auf das Aeussere characteristisch, dass sie alle drei mit einem Rondel oder einer Reprise schliessen. Aber auch dem Inhalte nach endigen die drei Stücke in übereinstimmender oder wenigstens sich nicht widersprechender Weise. Durch das Strafgericht Gottes erschreckt treten in III der Premier Chanoine und die beiden Clercs in den Orden der Karthäuser ein, der Second Chanoine wird Mönch, nur der biedere Chevalier folgt diesem Beispiele nicht, weil Frau und Kinder seiner bedürfen. Der Dichter ist offenbar ein Mann, der bei all seiner Frömmigkeit doch mit den Verhältnissen zu rechnen weiss. Auch der mari und die Dame in XV bezeugen ihre fromme Gesinnung durch eine Wallfahrt, vergessen aber desshalb doch ihr Kind und ihre irdische Habe nicht, für welche beide sie in dem Bailli

und dem Cousin Curatoren bestellen. — Der Schluss von XIV kann wegen seiner eigenthümlichen Natur nicht zur Vergleichung herangezogen werden.

18) XVIII. Der Mari nimmt die Stelle seiner verstorbenen Frau in dem Kloster ein. Schlussgesang: Te Deum laudamus.

13) VIII. Gesang der Kardinäle. Anfang nicht angegeben.

14) XX, XXI, XXVIII. In den beiden ersten Stücken zieht man unter Absingung des Liedes »Ave regina celorum« zur Taufe der bekehrten Heiden. Der Schluss von XXVIII ist fröhlich; die Clercs singen ein motet, während man sich zur Tafel begiebt. Berengier wird der Rache des Oston und seiner Frau überlassen, und augenscheinlich soll er für seine Tücke mit Leib und Leben büssen.

15) XXVI. Guibour wird Nonne. Man singt zum Schluss ein französisches Lied, welches indess nicht die Form des Rondels hat. Sein Versmass ist $a:aabccb\ 8:886886$. Ein solches Lied findet sich ausserdem noch in XXX, XXXIII und XXXV, davon ist XXXV wörtlich XXVI gleichlautend, unterscheidet sich jedoch durch die Silbenzahl des vorhergehenden Verses, XXXIII bietet in 2 Versen eine andere Lesart, welche das Reimschema ändert, XXX stimmt in Bezug auf das Reimschema mit XXVI überein, weicht aber in Bezug auf die Silbenzahl des vorhergehenden und des dritten und sechsten Verses des Liedes ab. — XXVII. Dem verrätherischen Frére wird verziehen. Man zieht zum Palaste des Papstes, um eine »feste solempnel« abzuhalten. Die Clercs singen ein motet, dessen Anfang nicht angegeben ist.

16) 17) XXIV endigt damit, dass Gabriel und Michael die Seelen der Getödeten zum Himmel tragen, in XXII sollen sie nur dem Begräbniss der Leichen beiwohnen, damit durch ihren Gesang der Glaube der Menschen gestärkt werde. In XXII in einer besonderen Scene von Gott zur Erde entsandt, erscheinen sie in XXIV ohne jegliche Vorbereitung; das von ihnen gesungene Lied ist in XXII ein Rondel, in XXIV ein lateinischer Hymnus, der mit den Worten beginnt: »Hic sanctus cujus hodie celebramus solempnia«[1]). — Amis und Amille in XXIII drücken

---

[1]) Der Anfang dieses Liedes ist übrigens insofern von Wichtigkeit, als sich aus ihm der Schluss ziehen lässt, dass das Stück an dem dem heiligen Ignatius geweihten Tage aufgeführt wurde. — Ebenso scheint das 10. Mirakel an dem Tage des heil. Eloy aufgeführt worden zu sein. Nostre Dame will diesem Heiligen zu Liebe die »matines« hören,

(391) »Car sainte eglise, bien le voy, | Fait feste de vous au jour d'ui« Auch andere Stücke enthalten Andeutungen über den Tag ihrer Aufführung, so

XXVI, 1367. A ce jour de m'oblacion | Vueil de messe refeccion.

ihre Dankbarkeit gegen Gott und die heil. Jungfrau durch
Geschenke, welche sie ihnen geloben, aus und singen zum Schluss
das Lied »Te Deum laudamus«.
Die nun folgende Stücke haben alle einen fröhlichen Ausgang.

19) XXIX. Gesang der Clercs zu Ehren Marias, Anfang nicht angegeben.
20) XXX. Französischer Gesang der Clercs. Reimschema wie in XXVI, doch *4:887887*.
21) XXXI. Die menesterelz spielen.
22) XXXII. Der König wünscht »menesterez qui joueront« oder »clers qui bien chanteront«.
23) XXXIII. Ueber den Schluss dieses und des folgenden Stückes ist an anderer Stelle gehandelt. Der französische Gesang des Clers stimmt mit dem in XXVI überein, doch ist v. 4 und 5 in der Weise umgeändert, dass das Reimschema *a:aabaab* herauskommt. Die Silbenzahl ist dieselbe.
24) XXXIV. Gesang der Clercs nicht angeführt.
25) XXXV. Gesang der Clercs wörtlich dem von XXVI gleich, doch ist der Vers vor demselben ein Viersilbler.
26) XXXVI. Gesang »Te Deum laudamus.«
27) XXXIX. Ebenso.

Es kommt in einigen Stücken vor, dass Gott oder Nostre Dame, bevor sie zur Erde herabsteigen, sich einen Sitz herrichten lassen. In den Mirakeln der ersten Gruppe geschieht dies regelmässig dann, wenn Maria in einer Kirche zu erscheinen beabsichtigt. XXV dagegen, welches Gott einmal (v. 1366) unter ganz ähnlichen Verhältnissen auftreten lässt, kennt diesen Gebrauch nicht. Anderseits lässt sich Gott in XXXVI (v. 347) vor seinem Aufbruch zur Erde einen Sitz bereiten, obwohl er sich da nicht zu einer Kirche begiebt. Der durch die Gerichtssitzung hervorgerufene längere Aufenthalt Gottes auf der Erde mag der Grund dieser Abweichung sein. Von Interesse ist hierbei, dass die Engel aus freien Stücken auch für Maria einen Sitz herrichten, damit, wenn sie mit ihrem Sohne käme »con souvent advient«, sie nicht zu stehen brauche. In I, wo die Verhandlung über den Fil im Himmel geführt wird, bedarf es der Herstellung eines Sitzes nicht.

Nicht ohne Bedeutung ist es ausserdem für uns zu verfolgen, wie die einzelnen Gruppen sich zu der Frage verhalten, ob Gott resp. Nostre Dame, wenn sie zum ersten Male einem

Menschen erscheinen, von diesem sofort erkannt werden, oder ob sie sich ihm erst vorstellen müssen.

1) Die erste Gruppe beobachtet nicht in allen Stücken dasselbe Verfahren. Während der Bischof in X, der Räuber in XI und Basilius in XIII die heil. Jungfrau offenbar nicht erkennen, letzterer sogar, obwohl er das ihm geschenkte Buch in der Hand hält, an der Wahrheit seines Gesichtes zweifelt, ist der Chanoine in XIX sich sofort über die Person der ihm Erschienenen klar. Ein Grund mehr für die Annahme eines besonderen Verfassers für dieses Stück.

2) V. Kein Beispiel. VI. Nostre Dame nennt Jehan ihren Namen.

3), 5), 8), 9), 13), 16), 18), 24), 25), 26) Es bedarf keiner Vorstellung.

4) II. Der Aebtissin, welcher Maria im Traume erscheint, stellt sie sich nicht vor, der Eremit jedoch fragt nach ihrem Namen. — Es sei hier übrigens bemerkt, dass sie auch dem Chanoine in XIX im Traume erscheint,

6) XII. Sie stellt sich dem Anthenor, nicht aber dem Marquis vor.

7) XVI. Kein Beispiel. Ebenso XXXIX.

10) III, XIV. Kein Beispiel. XV. Der mari erkennt sie nicht.

11) IX. Wilhelm fragt sie nach ihrem Namen. Sie nennt ihm mit dem ihrigen zugleich auch die der sie begleitenden Heiligen. Das letztere geschieht sonst nur in X von Seiten des Engels Michael, für gewöhnlich wird das Gefolge mit Stillschweigen übergangen.

12) XVIII. Theodore erkennt Maria nicht.

14) XX. Peter und Paul stellen sich Konstantin vor, da dieser sie als Heide unmöglich kennen kann, Silvester jedoch und Josaphat in XXI erkennen sie sofort aus ihren Worten. Ebenso bedarf es auch in XXVIII der Nennung der Namen nicht

15) XXVI und XXVII weichen von einander ab, indem in letzterem Mirakel Nostre Dame der Kaiserin, obwohl sie schläft, ihren Namen sagt, in ersterem derselbe als bekannt vorausgesetzt wird.

17) XXIV. Der Eremit fragt Gott und seine Mutter, wer sie seien, man ertheilt ihm jedoch keine Auskunft, und nun merkt er bald von selbst, mit wem er spricht. Von XXII und XXIII abweichend (s. unter 16).

19) XXIX. Die fille zweifelt an dem, was Gott ihr gesagt hat, und fragt, wer er sei, der er ihr so sicher Rettung verheisse, worauf Gott sich, aber nicht die anderen, in einer längeren, schwülstigen Rede vorstellt.

20) XXX. Obwohl Nostre Dame hier gleich mit ihren ersten Worten angiebt, dass sie und ihre Begleiter das Gefolge Gottes sind, bleibt Jehan zweifelhaft, ob es nicht doch teuflische Gebilde sind und beschwört sie. Daraufhin stellt sich dann Maria regelrecht vor. Beim zweiten Male nennt Gott sofort seinen Namen.
21) XXXI. Hier stellt sich erst Gott und dann auch Nostre Dame vor, obwohl Bertha schläft.
22) XXXII. Gott beginnt seine Rede gleich damit, dass er zu Osanne sagt »Je croi bien pas ne nous congnois (439)« und sich vorstellt; seine Mutter lässt er unberücksichtigt.
23) XXXIII. Ein eigentliches Vorstellen findet nicht statt.

IX. Einzelne Züge.

VII, XIX. Die Nonne in VII und der Chanoine in XIX finden sich zu Anfang des Stückes genau in derselben Lage. Beide sind treue Diener der heil. Jungfrau und können sich erst nach langem Widerstreben entschliessen, ihr untreu zu werden, dann aber gehen ihre Wege weit aus einander. Die Nonne sagt ihr in fast trotzigem Tone den Dienst auf, von Gewissensskrupeln vorher, die sich in einem heissen Gebete kundthun, ist keine Rede, das dem Chevalier gegebene Wort bildet die Scheidewand, welche sie von ihrer Beschützerin trennt. Nicht so der Chanoine. Auch er verlässt freilich ihren Dienst, aber doch schliesslich nur äusserlich, in Wirklichkeit bleibt seine Verehrung dieselbe, seine Untreue lässt ihn nicht ruhen und sein Gewissen drängt ihn, noch kurz vor der Entscheidung in einem inbrünstigen Gebete ihre Verzeihung zu erflehen. Aehnlich ist es in II und IV. Das characteristische Merkmal von II ist eine gewisse Leichtfertigkeit. Die Aebtissin ist vor ihrem Falle eine fromme Dienerin der Jungfrau Maria, ihre verbrecherische Liebe peinigt ihr Gewissen; nach demselben ist von Frömmigkeit keine Rede mehr, und erst als sich die irdische Gerechtigkeit naht, betet sie wieder zu Nostre Dame. Ist so die Aebtissin in ihrem Character mit der Nonne in VII zu vergleichen, so kann die Fille in IV als dem Chanoine in XIX nahe stehend angesehen werden. Die Fille ist ein frommes Mädchen, welches durch die Gewalt der Umstände zur Verbrecherin wird. Während sie den Seneschall tödtet, um ihre Ehre zu retten, fleht sie Nostre Dame um Mitleid an und gelobt Busse, wenn sie gebeichtet haben werde. Auch den zweiten Mord begeht sie nicht, ohne vorher zu ihrer Schutzgöttin um Erleuchtung in ihrer schrecklichen Lage gebetet zu haben, und nach vollbrachter That hat sie nichts Eiligeres zu thun, als zum Kaplan zu gehen und ihm

alles zu beichten, indem sie ihn zugleich um eine schwere
Busse bittet. Sie könnte sich durch ein neues Verbrechen eine
leichte Busse erkaufen, von irdischer Strafe ganz retten, aber
sie weist das Ansinnen des schurkischen Priesters mit Abscheu
zurück und zieht den Tod der Schande vor [1]). Auch im
Gefängniss betet sie nicht um ihr Leben, sondern um die
Errettung ihrer Seele. Diese Grundverschiedenheit des Characters
der Hauptpersonen macht eine Zusammengehörigkeit der in Rede
stehenden Stücke höchst unwahrscheinlich.

Als in II Aebtissin und Nonnen zur Predigt gehen,
spricht Ysabel die Erwartung aus, dass sie jedenfalls einen
langweiligen, breiten Sermon zu hören bekommen würden,
und nach der Predigt fasst sie ihr Urtheil über den Redner in
die Worte zusammen:

185. Il fust bon avocat en court | Et moz de placebo jetter
     Car il scet trop bien langueter | Ou il lui plaist.

Auch die andere Nonne, Maria, hält die Rede für zu lang.
Während der Predigt entfernt sich Ysabel heimlich, wie sie
sagt, weil ihr einer ihrer Vettern »un poy de toile pour faire
surplis et voile« brachte, was indess die Aebtissin für eine
Ausrede zu halten scheint (159 Abb.: »vous en alastes le pas
Ne say ou«, obwohl Ys. schon ihre Entschuldigung vorgebracht
hat). Auch haben beide Nonnen während des Gottesdienstes
gelacht und geplaudert. — Einen guten Trunk scheinen sie
daneben nicht zu verachten, wenigstens glauben sie, als sie
zusammen eine kleine Tour gemacht haben und dabei zu lange
ausgeblieben sind, zu ihrer Entschuldigung anführen zu müssen,
dass sie nichts getrunken haben, und späterhin (779) sehen
wir sie sogar auf der Bühne während der Zurüstungen zum
Empfange des Bischofs mehrmals heimlich dem Weine des
Klosters zusprechen. — Auch die Aebtissin ist bei all ihrer
Heiligkeit nicht frei von weltlicher Eitelkeit; sie ist stolz auf
ihre Geschicklichkeit im Diktiren eines Briefes (195) und ist
dem Gelübde der persönlichen Armuth zum Trotz noch Be-
sitzerin eines nicht geringen Privatvermögens (v. 495 ff.). —
Vgl. hierzu auch das über den Schluss Gesagte.

Uebrigens tritt auch in XVIII eine Aebtissin und eine Nonne
Ysabiau auf, die aber — mild und versöhnlich, wie sie sind —

---

1) Es ist ein Irrthum, wenn Julleville glaubt, der confesseur werde
bloss deshalb verbrannt, weil er die Beichte der Königin, dazu noch mit
deren eigener Erlaubniss, verrathen habe (vgl. a. a. O. I, 128 und 138), da
doch in der Scene zwischen dem chappellain und der royne (v. 1200 ff.)
oft und deutlich ausgesprochen ist, dass der Kaplan ihr unsittliche An-
träge macht.

mit ihren Schwestern in II ausser dem Namen nichts gemein haben.

XVI. Die von der »mére au pape« begangene Todsünde wird auffallender Weise nur von der Sünderin selbst und den Geistlichen als solche angesehen, während der Clerc und die Damoiselle offenbar gar nichts Schlimmes in ihren Worten finden. Es ist das ein eigenthümlicher Unterschied, der zwischen Geistlichen und Laien in Bezug auf die Fähigkeit eine Sünde als solche zu erkennen gemacht wird. Er findet seine Erklärung in einer nicht zu verkennenden Vorliebe, welche der Verfasser für alles Formelle, namentlich aber für derartige subtile Unterscheidungen an den Tag legt.

Nach beendigter Predigt spricht die Damoiselle in philosophischen Ausdrücken ihre Bewunderung aus und der Clerc stimmt ihr in ähnlichem Tone bei:

Dam. 100. Homme qui si bel depeschier | Clerc 106. Comment il a sceu bien mettre
Sceust ses introduccions | Ses principes par ordenance
Pour venir aux conclusions | Et puis finer par concordance
De ses premisses. | De l'escripture.

Beiden ist es weniger um den Inhalt der Rede zu thun, es ist die Formvollendung, die sie bewundern.

Als der Papst das Vergehen seiner Mutter erfährt, hält er eine Vorlesung über die drei Arten der Sünde im Allgemeinen. Ebenso wird uns genau auseinandergesetzt, was alles zur Absolution nothwendig ist:

488. Elle a ja fait confession | Qui sont deux pars de penitence:
Et si a bonne repentance | Or ne li fault que satisfaire

Diese genauen Unterscheidungen sind bis in einzelne Redewendungen hinein zu verfolgen, so

140. En penser, en parler, en fait | Soit d'envie, d'orgueil ou d'ire.

Die Steigerung in der ersten Zeile namentlich ist sehr fein gedacht, v. 1687 zeigt uns dieselbe Dreitheilung in anderer Reihenfolge: »En penser, en fait, en parler«, und v. 172 »Que j'ay de moy tenu et dit« einen ähnlichen Gedanken in anderem Zusammenhang.

Der Gegenüberstellung von Geistlichen und Laien, deren wir oben gedachten, steht die von Seele und Körper zur Seite. Als Nostre Dame die Seele der verstorbenen mére holt, erklärt sie nicht einfach, sie wolle ihr vergelten, dass sie ihr so aufopfernd gedient habe, sondern sie drückt sich genauer aus, sie will

1518. a s'ame recompenser | Les peines qu'a souffert son corps;

ebenso sagt der curé beim Anblick der Kapelle:

1680. et comment sera ce, | Que ceste ame ne soit perie
Quant je voy qu'a moy ne tient mie | Dont le corps a ci telle horneur?

Vgl. hierzu und zu dem oben über die Absolution Gesagten:

698. Plus le sera au corps grevable, | Un po de peine temporelle
Miex sera de son pechié quitte. | Qu'attendre la perpetuelle.
1706. J'ain miex a souffrir orendroit

Derselbe Sinn für die äussere Form giebt sich in dem Verkehr der einzelnen Personen mit einander kund. Als die mére den penancier aufsucht, fragt sie als weltgewandte Dame zunächst, ob sie nicht störe, worauf der fromme Mann ebenso höflich erwidert, dass ihm ihr Besuch zur Ehre gereiche. — Die Kardinäle reden den Papst stets ehrfurchtsvoll mit »saint pére« an, während er sie herablassend »Bruder« titulirt. — Wie man sich bei einer Audienz bei dem Papste zu benehmen hat, ist genau vorgeschrieben; selbst die eigene Mutter desselben muss sich dem Ceremoniell unterwerfen.

Es ist bezeichnend für den Verfasser, dass er die mére nicht eher ihre Pilgerfahrt antreten lässt, als bis sie ihre häuslichen Angelegenheiten völlig geordnet hat. Derselbe Zug findet sich ausserdem nur noch in XV, mit dem unser Stück sonst wenig gemein hat; dort stellen ebenfalls der Mari und die Dame vor dem Antritt ihrer Wallfahrt ihr Kind und ihr Vermögen unter sichere Obhut. In VII dagegen überlassen chevalier und nonne ihre Kinder der väterlichen Fürsorge Gottes, nnd auch der chanoine in XIX hält es nicht für nöthig, vor seinem Ausscheiden aus der Welt noch irgend welche Verfügungen in Hinsicht auf seine irdische Habe zu treffen.

Zum Schluss wollen wir noch einer Scene gedenken, welche der Verfasser von XVI dem ersten Mirakel entlehnt hat. Die Verse 1714 bis 741 in XVI stimmen nämlich fast wörtlich mit den Versen 816 bis 845 in I überein. Inhaltlich sind sie dem Character des letzteren Stückes mehr als dem des ersteren angemessen, namentlich wenn man dabei in Betracht zieht, dass in XVI das Benehmen der sergents dem curé gegenüber ganz merklich von dem, welches sie dem verkleideten Teufel gegenüber beobachten, abweicht. (cf. 1082 bis 1103) — Die Anfangsscene von VIII zwischen dem Bürger und den sergents erinnert im Allgemeinen ebenfalls an I, doch ist im Einzelnen die Behandlung eine ganz andere.

XVII. Von besonderer Wichtigkeit sind hier die metrischen Verhältnisse. Der Dichter ist offenbar ein Reimkünstler in der höchsten Potenz. Zeigen schon die übrigen Mirakel eine gewisse Vorliebe für den reichen Reim, so sucht er ihn soweit als möglich im ganzen Stücke durchzuführen, ja er dehnt sogar oft den Reim noch auf die nächst vorhergehende Silbe aus oder lässt ganze mehrsilbige Worte mit einander reimen. Auch Bindungen wie »favelles: novelles« (309) und gleich darauf »faveler: renouveller« und andere Künsteleien sind nicht selten. Einen besonderen Kunstgriff, welcher ein für ihn characteristisches Merkmal bildet, wendet er an in der Verknüpfung der Scenen, in denen Nostre Dame auftritt, mit den nächstfolgenden. Es wird nämlich in dem ersten Vers nach einer solchen Scene stets der Reim des ersten Verses der Hauptrede der heil. Jungfrau wieder aufgegriffen, so 498 : 508 amaines: sepmaines, 1128 : 1156 bonté: compté, 1745 : 1771 chappelle: sautelle. In keinem anderen Mirakel findet sich diese Spielerei wieder.

Eine besondere Wichtigkeit scheint der Verfasser auch der kirchlichen Absolution beizumessen. Selbst der Filz de l'Empereur lässt sich von dem Eremiten absolviren, ehe er sich in die Einsamkeit zurückzieht, und dieser vergisst nicht zu bemerken, dass er auch wirklich zur Ertheilung der Absolution berechtigt ist (235: du povoir qui m'est commis), muss es doch auch ein geweihter Priester sein, der schliesslich Godart von seinen Sünden losspricht. — Hiermit hängt zusammen, dass der curé, als er seine letzte Wallfahrt antritt und sein Bedauern über die Verstocktheit Godarts ausdrückt, dies nicht aus Mitleid mit dem Manne thut, sondern »pour cause de foy«, im Interesse des Glaubens, welcher in Godart ein Mitglied verliere.

XIV. Für gewöhnlich wird in unseren Mirakeln nur ein Unterschied zwischen Himmel und Hölle gemacht; entweder ewige Seeligkeit oder ewige Verdammniss, das ist die Losung aller, die mit der Stellung der Teufel und der Einrichtung der Bühne in enger Verbindung steht. Hier kommt noch ein drittes hinzu, das Fegefeuer. Der Archidiaconus rettet sich durch rechtzeitige Reue vor der Hölle, kommt aber noch ins Fegefeuer, Estienne, der gewiss schwerer gesündigt hat, als die mére in XVI, die nonne in VII oder der chanoine in XIX wird ebenfalls nur zum Fegefeuer gebracht, während jenen gleich ewige Verdammniss in Aussicht gestellt wird. Es mag sein, dass der Dichter durch den Stoff zu der Einführung des purgatoire gezwungen wurde, aber warum ignoriren dann die übrigen Stücke diese kirchliche Institution so geflissentlich? Die Befreiung aus dem Fegefeuer ist übrigens nicht schwer. Dem Richter wird sie gegen tägliches Beten des Beati immaculati zugesagt, seinem Bruder von dem Lesen einer Seelenmesse für ihn abhängig gemacht. Bei III und XV schloss die Art des Stoffes die Einführung des Fegefeuers aus.

XXII, XXIII, XIV. Wir besprechen diese drei Mirakel zusammen, weil im Allgemeinen die Stellung der heil. Jungfrau in ihnen dieselbe ist. Gemeinsame Abweichungen der beiden ersten Stücke von dem letzten werden sich in der Folge bei der Vergleichung der Rondels ergeben. Andere Gründe treten hinzu, welche die Zusammengehörigkeit von XXII und XXIV höchst unwahrscheinlich machen, XXIII aber XXII zuzuweisen zwingen. Vor allem ist der ganze Character von XXII und XXIV ein verschiedener.

Das 22. Mirakel wimmelt von Wundern, welche Gott thut oder durch seine Diener thun lässt, das 24. entbehrt dieselben fast vollständig, obwohl sie z. B. bei der Hinrichtung des Ignatius ebenso gut am Platze gewesen wären. Allerdings wird auch Ignace durch ein Wunder geheilt, aber dieses ist von ganz anderer Art, es beruht wie in IX auf der wunderbaren Kraft einer Salbe, während in XXII nicht oft genug betont werden kann, dass zu keiner der Heilungen eine Salbe oder ein sonstiges Heilmittel nothwendig ist. Die Wiedererweckung der Kinder des Amille in XXIV geschieht aber ebenfalls nur durch einfaches Auflegen der Hand. — Die Ignatius zu Hülfe gesandten Engel suchen ihm nur seine Leiden erträglich zu machen, irgend welche gewaltsamen Eingriffe in die Gesetze der Natur nehmen sie nicht vor. So konnte der Second Chevalier auf den Gedanken kommen, dass Ignatius sich gegen die Folterqualen durch Kräuter geschützt habe. Die Wunder in XXII sind dagegen zugleich auch sämmtlich auf die Zuschauer berechnet; es wird wiederholt hervorgehoben, dass es die Absicht Gottes sei, den Menschen seine Macht zu zeigen, um die Feinde zu schrecken, den Muth der Gläubigen zu erhöhen.

Es ist auffallend, dass Panthaleon, obwohl er thatsächlich dank der Hülfe Gottes gar keine Leiden durchzumachen hat, stets zu Gott um Kraft betet, besonders auffallend, wenn man bedenkt, dass Ignatius selbst unter den furchtbarsten Qualen sich stark genug fühlt, noch Schlimmeres zu ertragen, und von Gott nur Trost erbittet. Panthaleon weiss nur durch Wunder auf die Gemüther der Heiden einzuwirken, Ignatius erreicht mehr durch Wort und Beispiel. Es ist bezeichnend für beider Character, dass Panthaleon auf die Aufforderung, von seinem Glauben abzulassen, immer nur mit einer Weigerung antwortet, Ignatius damit stets eine Gegenforderung verbindet.

Wie von den Hauptpersonen wird uns auch von dem Kaiser und den übrigen Heiden in den beiden Stücken ein verschiedenes Bild entworfen. Der König in XXII ist heimtückisch und von blindem Hass gegen das Christenthum erfüllt, Trajan dagegen und seine Ritter sind zwar auch grausam, aber nicht aus reiner Mordlust, sondern vielmehr weil sie systematisch den Zweck, die Christen zur Bekehrung zu zwingen, verfolgen. Sie sind dabei offenherzig genug, wirkliche Grösse auch bei dem Feinde anzuerkennen. Es scheint die Absicht des Dichters gewesen zu sein zu zeigen, wie selbst bei den Heiden der christliche Glaube und seine Helden Bewunderung erregen, ohne dass sich jedoch deren verstockte Gemüther bekehren wollen. Es entspricht der Verschiedenheit des Characters der beiden Fürsten, dass der Kaiser in XXIV das Begräbniss der todten Christen gestattet, während sie der König in XXII den Hunden und wilden Thieren zum Frasse überlässt. Das Gefolge eines Fürsten wird gewöhnlich durch zwei Ritter, die unter der einfachen Bezeichnung Premier und Second Chevalier aufgeführt werden, repräsentirt. Diese Ritter fehlen nur in XXII und XXIII, in ersterem vollständig, in letzterem durch die anderen, zur Handlung nothwendig hinzugehörenden Edelleute vertreten, da diese aber nicht als ständige Begleiter des Königs erscheinen, nur nothdürftig ersetzt.

Die Christen treiben ihr Wesen in XXII noch im Geheimen, obwohl sie, wenn es darauf ankommt, auch offen ihren Glauben bekennen. Panthaleon verheimlicht anfangs selbst seinem Vater gegenüber seine Bekehrung, und als er nachher diesen auf dessen Pilgerfahrt begleiten will, räth er ihm davon ab, damit man keinen Verdacht schöpfe. Die Namen der Lehrer des jungen Heiligen kann man nur durch List erfahren. Diese Geheimhaltung wird in keinem der anderen Stücke so sehr in den Vordergrund geschoben.

Gott steht seinem Schützling in XXII stets in Person bei, er bringt dessen Lehrer sogar selber die Nachricht von seinem bevorstehenden Tode, in XXIV sendet er das eine Mal die beiden Engel allein, das andere Mal den Eremiten mit ihnen ihm zu Hülfe.

Gegenüber XXI füge ich noch hinzu, dass die Weisen der heidnischen Religion hier nicht »astrologiens«, sondern »prestres a nos diex servans« genannt werden.

Nach allem diesem kann wohl kaum ein Zweifel bestehen, dass XXII und XXIII von XXIV losgetrennt werden müssen.

XXV. Die Vorgänge bei der Hinrichtung der Christen haben in diesem Mirakel mit den eben geschilderten keine grössere Aehnlichkeit, als die Sache nothwendig mit sich bringen muss. Von Wundern ist keine Rede mehr, Gott thut für seine Getreuen nichts weiter, als dass er ihre Mörder bestraft und sie selbst zu sich in den Himmel holen lässt. Der Kaisers einerseits versucht es auch nur bei Valentin, ihn durch Torturen zur Rückkehr zum Heidenthum zu bewegen, die übrigen werden einfach enthauptet. Valentin aber hat den Kaiser durch sein Benehmen gereizt, er hat sich schon den ihn verhaftenden sergents gegenüber ziemlich unhöflich benommen (924) und beweist auch dem Kaiser gegenüber so wenig Ehrfurcht, dass ihm der Chevalier zornig eine Ohrfeige anbietet. Dazu kommt dann

nachher noch, dass Valentin den über den Gesang der Engel
entzückten Heiden in seiner Weise Aufklärung giebt, was den
Kaiser derartig in Zorn versetzt, dass er ihm droht:
1091. Ou tu nos diex aoureras | Ou par divers tourmens mourras.
Valentin spricht seine Freude über die bevorstehenden Qualen
aus und fordert seinerseits — wie es scheint, zum Hohne —
den Kaiser zur Bekehrung auf. Es macht den Eindruck, als
ob er absichtlich den Kaiser zur Wuth reizen wolle, damit sein
Ende ein schrecklicheres und darum Gott um so wohlgefälliger
werde.

Die Art der wunderbaren Heilungen stimmt mit XXII und
XXIII überein, Valentin vollzieht sie »sanz herbes mettre ne
racine.«

Der Dichter zeigt sich, wie wir schon früher haben beobachten können, in vielen Punkten merkwürdig gewissenhaft.
In XXIV theilt Nostre Dame dem Eremiten die Wünsche Gottes
mit, ohne dass wir sehen, wie sie selbst sie erfährt. Hier
giebt Gott der heil. Jungfrau vor ihrem Weggange (308) genaue
Instructionen und lässt sie der Sicherheit halber zum Schluss
noch erklären, dass sie alles wohl verstanden habe und richtig
ausführen werde. Sie vergisst auch nicht, Valentin gegenüber
ausdrücklich zu bemerken, dass sie im Auftrage Gottes komme.
Der Heilige spricht in Folge dessen nach ihrem Weggange auch
kein Wort des Dankes, sondern sagt einfach: »Gott, da es dir
gefällt, gehe ich gern.«

Zur Bewachung der Gefangenen hat das Stück einen eigenen
Kerkermeister, ihm übergeben die sergents die verhafteten
Christen. XXIV lässt die sergents die Geschäfte der Kerker-
meister mit besorgen.

XXXIV. Die Mirakel der beiden letzten Bände sind in
mehr oder minder hervortretender Weise mit Rücksicht auf
die politischen Verhältnisse der damaligen Zeit geschrieben.
Ich will damit nicht sagen, dass alle Stücke eigens zu dem
Zwecke verfasst sind, Propaganda für irgend eine Partei im
Lande oder für die politischen oder socialen Anschauungen des
Dichters zu machen; vielmehr deuten in den meisten Fällen
nur einige versteckte Anspielungen darauf hin, dass der Verfasser mit Interesse den Ereignissen des Tages folgte und
jedenfalls den jene Zeit bewegenden Fragen nicht fern gestanden
hat. Die Entstehung unserer Mirakel fällt in die Zeit der
Bauernaufstände. Von dem Adel und den königlichen Beamten
aufs Aergste bedrückt, haben damals die Bauern und das niedere
Volk namentlich im Norden Frankreichs sich erhoben, um mit
den Waffen in der Hand sich ihre Freiheit zu erkämpfen.
Doch ihre ungeübten und schlecht bewaffneten Haufen erlagen

bald den Schwertern der adligen Panzerreiter, und mit blutiger Strenge wurde der Aufstand an den Hauptbetheiligten geahndet. Mitten in diese Scenen hinein versetzt uns das 34. Mirakel. Der Dichter schildert die Empörung zweier herrschsüchtigen Prinzen gegen ihren Vater. Auf Seiten des alten Königs kämpft der Adel des Landes, die Barone und die Ritter, auf Seiten der Söhne nur gemeine Soldknechte, welche trotz ihrer Uebermacht der Tapferkeit der Edelleute nicht zu widerstehen vermögen. Der Dichter nimmt, wie schon die Wahl des Stoffes zeigt, für die Herren Partei. Es war ihm leicht, den Schluss ähnlich wie in XXXIII so zu gestalten, dass die Prinzen entweder nicht in dieser grauenhaften Weise von den eigenen Eltern gezüchtigt oder wenigstens nach entsprechender Busszeit durch ein unmittelbares Eingreifen Gottes von ihren Verstümmlungen wieder geheilt wurden. Er that keins von beiden. Es war ihm darum zu thun zu zeigen, wie schwer das Verbrechen des Aufstandes gegen den Landesherrn bestraft werde, und dass eine lebenslängliche Busse nöthig sei, um es zu sühnen. — Dass der Dichter aber wirklich die damaligen Zustände im Auge hat, darauf scheint mir vor allem auch der Umstand hinzudeuten, dass er den König nicht selbst mit in die Schlacht ziehen, auf der andern Seite dagegen in einer besonderen Scene die Söldner ihrem Fürsten zujauchzen lässt, weil er den Entschluss ausspricht, an ihrer Spitze zu kämpfen. Ich glaube, es ist nicht zu gewagt, hierin eine directe Hindeutung auf die damals viel bespöttelte körperliche Schwäche des Königs Karl VI zu sehen. — Für die Loyalität des Verfassers aber sprechen namentlich die Worte, welche er den Baronen in den Mund legt, als sie sich weigern, über die Söhne ihres Fürsten zu Gericht zu sitzen:

| 1958. Ce sont noz seigneurs par droiture, Et que subjet se desnature Tant que jugement doie rendre | Contre son seigneur, ou emprendre A ce faire, il ne li loit point ... |

Kein zweites Mirakel lässt sich in diesem Punkte dem 34. zur Seite stellen.

Des Königs Berather sind, wie allerdings auch in den übrigen Stücken, nur Edelleute, aber es ist hier geflissentlich hervorgehoben, dass gerade ihnen diese Stellung gebührt (776). Die Berathungen bestehen gewöhnlich nur darin, dass der König die eben bei ihm befindlichen Ritter um ihre Meinung befragt, hier entsendet er extra Boten, welche die Barone zu ihm an den Hof berufen müssen, und um die Feierlichkeit noch zu erhöhen, lässt der Dichter sie sich in ein besonderes Gemach zurückziehen. Er hatte sich für seine Berathungen vielleicht die französischen Ständeversammlungen zum Muster genommen,

welche zu jener Zeit eher Adelsversammlungen genannt werden konnten, da die Geistlichkeit und der Tiers Etat meist nicht hinzugezogen wurden. Es entspricht der Stellung, welche der Verfasser den Fragen der Zeit gegenüber einnimmt, vollkommen, dass er für höfische Sitte und feinen Anstand eine solche Vorliebe an den Tag legt, dass diese geradezu als für ihn characteristisch bezeichnet werden kann. Erchenoald befiehlt der Bautheuch sich zurecht zu machen, weil der König sie zu sprechen wünsche, und macht sie zum Schluss nochmals darauf aufmerksam, dass sie nicht vergesse, vor ihm sich in geziemender Weise zu benehmen :
188. Or parra conment seras sage | Ja devant li.

Ebenso warnt er den Escuier:
ne faites pas le trubert | Ja n la court.

Auf seinen Befehl muss auch Bautheuch dem Könige knieend für seine Bewerbung danken (258). — Als Genais von dem Könige zum Almosenier der Königin ernannt wird, dankt er ihm für die gute Meinung, welche er von ihm habe:
442. Et grant merciz quant tant de bien | De moy tenez

Den zur Berathung etwas zu früh erschienenen Erchenoald lädt der König ein, Platz zu nehmen, bis die andern kämen. Den Baronen gegenüber entschuldigt er sich gleich darauf gewissermassen, weil er sie zu sich bemüht habe, indem er sagt, er wolle sie nicht lange aufhalten (700). — Der Quatriesme Baron bittet ihn zu entschuldigen, dass sie sich zur Berathung In ein Nebenzimmer zurückziehen. — Die Berathung selbst beginnt damit, dass man sich schlüssig zu werden sucht, wer zuerst seine Stimme abgeben soll. Man wählt dazu den Herzog von Orleans, aber dieser weigert sich, »ein Bauer verstehe mehr von der Sache als er (800).« Schliesslich giebt er dann doch sein Votum ab, aber höflicher Weise »soubz la vostre correccion.« Nach beendigter Sitzung handelt es sich darum, wer dem König den Beschluss mittheilen soll. Der Quatriesme Baron wird bestimmt, und er willigt mit folgenden Worten ein:

872. Alons, mais c'est par vostre ottroy, | Qu'au roy diray; et se mespreng
Seigneurs, que la parole preng | A parler, que vous l'amendez.

Lievin, mit der Nachricht von seiner baldigen Rückkunft vom Könige an die Königin abgesandt, spricht bei sich die Erwartung aus, einen guten Empfang bei ihr zu finden, obwohl er in armseligem Aufzuge komme (1222). Bautheuch ist so höflich, sich zuerst nach seinem Befinden zu erkundigen. Lievin hat seinerseits aber auch wieder so viel Zartgefühl, dass er, bevor er genauen Bericht erstattet, sich entfernt, um seine Reisekleider mit reinen Gewändern zu vertauschen. — Bei seiner

Rückkehr fragt der König seine Gemahlin nach ihrem Befinden, diese aber antwortet:

1905. Ceci mettons tout en derriére; | Mais conment vous est, mon seigneur?

Zum Schluss führe ich noch die Worte des Troisiesme Baron an, welche er ausspricht, als er nach der zweiten Berathung dem Könige den Beschluss der Edelleute verkündet:

1951. Sire, je vous dy con celui | Qui le plus fol est de vous touz...

Man sieht, der Verfasser wusste, was sich in guter Gesellschaft geziemte, und liess keine Gelegenheit vorübergehen, um dies auch dem Publikum zu erkennen zu geben.

Dass der König oder die Königin stets die sergents vor sich her gehen lassen, und selbst Erchenoald, als er sich an den Hof begiebt, einen Diener mitnimmt, ist zwar an und für sich nicht auffallend, entspricht aber ganz dem Character des Stücks.

Im Gegensatz zu XXIX und XXXII füge ich noch hinzu, dass der König erst dann Bautheuch zu seiner Gemahlin wählt, als man ihn von der hohen Geburt derselben überzeugt hat.

XXIX, XXXI. Wie wir das 34. Mirakel als vom Standpunkte der herrschenden Partei aus geschrieben ansehen dürfen, so können wir andererseits das 29. und 31. Mirakel als auf der Seite des Volkes stehend betrachten. Die unbeschränkte Gewalt, welche der Höhere über den Niederen ausübte, spricht sich einestheils in den nicht selten wiederkehrenden Drohungen »pendre vous ferons« (XXIX 406, 1506, 1601, 2087), »ou tu mourras, certes, a rage« (2006), »ou maintenant arse serez« (2043) und ähnlichen Wendungen, anderntheils in der Furcht, welche der Niedere vor dem Höheren hat (vgl. die Worte Remon's, als er zum Hofe geholt wird, v. 128: »Est nul qui me vueille meffaire«) und in der demuthsvollen Unterwürfigkeit, welche der Eine gegen den Andern zur Schau trägt, aus. Remon lässt sich, als er von Rom zurückkehrt, vor den Rittern auf die Kniee nieder (206), und die Prinzessin thut vor dem Könige von Schottland, Lembert vor der Königin-Mutter dasselbe (666, 1135). — Die Ungleichheit vor dem Gesetz wird illustrirt durch die Worte, welche der Premier Cardinal spricht, als der König von Ungarn um den Consens zur Heirath mit seiner Tochter bittet: »Er ist kein gewöhnlicher Mensch, und wie der Topf, so der Löffel.« Gegenüber diesen Vorrechten der Herren bleibt dem Volke nichts anderes übrig, als im geeigneten Momente mit den Waffen in der Hand sich zu erheben. In diesem Sinne scheinen mir wenigstens die Worte des Deuxiesme Chevalier zu deuten zu sein:

1577. Se nous les ardons, mal sera, | Car le peuple sur nous courra.

Trotzdem ist der Verfasser von XXIX sowohl, wie der von

XXXI keineswegs ein Feind des Königthums zu nennen. Der erstere hält einen König für nöthig, um zu verhindern, dass zwischen dem Volke und den Herren ein offener Zwist ausbreche, oder ein fremder Herrscher dem Volke Gewalt anthue. Es ist vielleicht auch nicht zufällig, dass das Stück der alten Königin, welche die Fille verfolgt, die Kunst des Lesens, dem Grafen, welcher dem Könige den Rath zu der blutschänderischen Ehe giebt, die Kenntniss der lateinischen Sprache abspricht, dem guten Könige von Schottland dagegen und dem Ritter, welcher Mitleid mit dem Schicksal seiner Prinzessin zeigt, eine gründlichere Bildung zuerkennt. — Ebenso haben die Fürsten in XXXI ein Herz für das Wohl und Wehe ihrer Unterthanen, und e liegt ihnen daran, ihre Liebe zu erwerben. Blancheflor giebt hrer Tochter den Rath mit auf den Weg, gütig zu sein gegen das Volk, »Et si grant bien vous en venra Que le peuple vous amera«, und sie ist sehr betrübt, als sie auf ihrer Reise nach Paris erfährt, dass die Königin es nicht verstanden hat, sich im Lande beliebt zu machen. Dass diese beiden Züge aus der Vorlage herübergenommen sind, kann nicht ins Gewicht fallen, da schon die Thatsache allein, dass der Dichter derartige Stellen nicht übergeht, für uns von Bedeutung ist. Kein anderes Stück lässt seine Fürsten so viel Rücksicht auf das Volk nehmen.

Es ist schon oben erwähnt worden, dass der König von Schottland die Fille heirathet, trotzdem er von ihrem Stande keinerlei Kenntniss hat. Ich füge hier hinzu, dass es dem Verfasser trotzdem von Wichtigkeit gewesen ist, v. 2400 ausdrücklich zu bemerken, dass die Mutter des Mädchens eine Königin und von freier Herkunft sei. Aehnlich wird XXXI 125 von Bertha gesagt, dass sie aus rechtmässiger Ehe stamme, und werden die in dem Umgange mit Aliste erzeugten Kinder als Bastarde angesehen, für deren Erziehung jedoch der König zu sorgen hat. Es ist übrigens für unser Stück bezeichnend, dass Aliste trotz ihrer schweren Verbrechen nicht hingerichtet, sondern bloss in ein Kloster geschickt wird, weil sie die Frau des Königs gewesen ist.

Trotz diesen mannigfachen Berührungspunkten kann ich mich nicht entschliessen, die beiden in Rede stehenden Mirakel demselben Verfasser zuzuweisen, da die das Auftreten Nostre Dames zum Gegenstand habenden Scenen zu wenig Aehnlichkeit mit einander besitzen. Eine bestimmte Entscheidung wage ich in dieser Frage nicht abzugeben.

XXXII. Ebenso unsicher scheint es in Betreff der Zusammengehörigkeit von XXIX und XXXII zu stehen, welche von Voigt als wahrscheinlich betrachtet wird. Allerdings muss ich zugeben, dass beiden Stücken dieselbe Quelle vorgelegen zu haben scheint, bestreite jedoch, ,dass die Verarbeitung des Stoffes im Einzelnen in XXIX und XXXII die gleiche ist. Mehrere Abweichungen von Bedeutung habe ich an anderer Stelle schon hervorgehoben, ich erwähne hier nur noch einige minder wichtige Punkte, welche jedoch zur Characteristik des Verfassers beitragen können.

Es stimmt mit XXIX überein, dass die Boten die Nachricht, welche sie überbringen, stets auch schriftlich bei sich führen, was in keinem der übrigen Stücke der Fall ist. Das Gesuch des Königs von Ungarn an den Papst, die Nachricht von der Geburt eines Sohnes wird brieflich an die betreffende Person übermittelt (XXIX). Ebenso führt der Messagier in XXXII zur Bestätigung seiner Botschaft über den Einfall der Sarrazenen »lettres du pais« bei sich und giebt der Vallet als Beleg für die Richtigkeit der von ihm überbrachten Todesnachricht einen Brief an Osanne ab.

Dass beide Königinnen zunächst Furcht empfinden, als sie von der Nähe ihres Gemahls hören, mag bereits in der Vorlage gestanden haben. Im Einzelnen weichen die Erkennungsscenen nicht unbedeutend von einander ab.

Der Character der Königin-Mutter ist in XXXII ein anderer als in XXIX. — Die mére des letzteren Stückes verhehlt ihren Hass gegen die Gemahlin ihres Sohnes vor niemand und spricht ihn dieser selbst gegenüber offen aus, die mére in XXXII heuchelt Mitleid mit Osanne, um sie dann desto sicherer zu verderben.

In XXXII sendet Gott extra Michael ab, um das Schiffchen der Fürstin 'zu seinem Bestimmungsort zu lenken, in XXIX findet es seinen Weg allein.

Als ein interessanter Anklang an XIV muss die allerdings nur nebenbei gemachte Bemerkung über das Fegefeuer (1939) angesehen werden. Vielleicht hat auch in Bezug auf das Auftreten der heil. Jungfrau ein Stück das andere beeinflusst. Eine gewisse Verwandtschaft der betreffenden Scenen kann jedenfalls nicht abgestritten werden, obgleich sie nicht gross genug ist, um die Annahme eines Verfassers für beide Stücke zu rechtfertigen.

In der Jagdscene bietet das 32. Mirakel die bemerkenswerthe Eigenthümlichkeit, dass die Ritter den verirrten König durch den Ruf des Jagdhorns auf den richtigen Weg zurückzuleiten suchen. Um den König nicht irre zu führen, bleiben sie, während sie blasen, immer auf demselben Platze. Dass sich ein Fürst auf der Jagd verirrt, kommt in mehreren Stücken vor, keins aber lässt die Zurückgebliebenen zu diesem doch so nahe liegenden Mittel greifen.

Es ist für die Zeit der Abfassung des Dramas von Interesse, dass sich der König in der Hütte des Köhlers, ehe er von einem Gerichte isst, von diesem dasselbe immer erst vorprobiren lässt. Die übrigen hierbei in Frage kommenden Stücke kennen diese Sitte nicht.

Dass der Herr dem Diener Reichthümer für seine ihm geleisteten Dienste verspricht (86, 715, 1015), kommt auch in anderen Stücken vor (so z. B. XXIX, 131, 1262. XXX, 851), beschränkt sich jedoch auf die Mirakel der beiden letzten Bände.

27) XXXIX. Das 39. Mirakel zeigt in mehreren Punkten Anklänge an andere Stücke, namentlich an XXXIV.

Chlodwig fragt, bevor er sich zu seiner Bewerbung um Chlotilde entschliesst, seine Ritter um ihre Meinung. Diese sagen dieselbe nun nicht einer nach dem andern, wie etwa die Kardinäle in XXIX, sondern sie erwählen einen Sprecher, der in ihrem Namen mit dem Könige verhandelt. Dasselbe geschieht, wenngleich mit mehr Umständen, auch in XXXIV, an welches Stück auch die bei dieser Gelegenheit gesprochenen Worte des dritten Ritters, auf den die Wahl fällt,
Seigneurs, vous mechargiez d'un fait | Qui ne m'est mie tropligier (p.611.)
erinnern.

Aurelian nimmt wie Erchenoald, als er die Reise nach Burgund antritt, einen Knappen mit. (p. 612).

Als Gondebaut sich mit seinen conscilliers wegen der dem Könige der Franken zu gebenden Antwort beräth, muss Aurelian sich zurückziehen. (p. 638).

Es wird mehrmals betont, dass Chlotilde von königlicher Geburt ist.

Nachdem Aurelian sich als Bettler verkleidet hat, spricht er zu seinem Knappen die folgenden Worte:
p.615. Or me dy voir, se diex t'ament: | A qui aumosne refuser
Semble je ore homme, sanz ruser, | Point on ne doie?
Vgl. hiermit die Worte des Königs vor Antritt seiner Pilgerfahrt:
XXXIV 958. Dites, royne, ça venez: | Sembleray je bien pelerin
Quant mis me serai au chemin, | En cest habit?
An XXXVI erinnert namentlich die Unterhaltung der Armen und die Stelle p. 617 »Tu qu'apris n'ay pas a veoir«
vgl. XXXVI 799. Je me voy nu et entrepris | 1325. ne l'ay pas appris
Ce que n'avoie pas apris |

Der Vollständigkeit halber führe ich auch einige XXXIV und XXXVI gemeinsame Stellen an. Bautheuch und Pierre senden beide einen Diener aus mit dem Auftrage Geld unter die Armen zu vertheilen:

XXXIV 497. Après a menagers hontenx
Dont il est moult de souffretteux,
Vieulx j'aussi que faciez aumosne.

und weiter

XXXIV 494. Et la donnez de voz
deux mains,
Selon que bon vous semblera

XXXVI 909. Aux petis mesnagers
honteux
De ceste ville souffretteux,
Et cest argent ci leur donrras;

XXXVI 912. Et selon ce que les verras
Plus povres, plus euvres tes mains.

Beide lassen auch ausdrücklich die Beschenkten bitten, für sie zu beten.

Eine gewisse Verwandtschaft der drei Stücke ist also wohl kaum abzuleugnen, ob aber auf Grund derselben ein gemeinschaftlicher Verfasser angenommen werden darf, scheint mir noch sehr zweifelhaft. Der ganze Character von XXXIV, welchen wir oben entwickelt haben, und dem gegenüber die eben angeführten Züge aus XXXIX wohl kaum in die Wagschale fallen können, widerspricht dem. Für die Isolirung von XXXIX aber ist namentlich bestimmend, dass die Sprache in diesem Stücke eine andere als in jenen beiden ist, indem in ihm all die Redewendungen der 28 ersten Mirakel, welche wir in den späteren Stücken grossentheils nicht antreffen, wieder auftreten.

X. Metrisches.

Ich beabsichtige hier keineswegs eine genaue Darstellung der metrischen Verhältnisse unserer Mirakel zu geben, sondern nur einige Punkte herauszuheben, welche für die Lösung unserer Frage von Bedeutung scheinen.

Das Versmass ist der paarweise gereimte Achtsilbler, welcher am Schluss einer jeden Rede durch einen mit der Anfangszeile der folgenden reimenden Viersilbler ersetzt wird. Eine Ausnahme bildet das »Miracle de l'enfant donné au diable« (I), welches allein den achtsilbigen Vers consequent durchführt.

Abweichungen von dieser allgemeinen Regel finden sich, abgesehen von einigen vereinzelt dastehenden Fällen, die wir, soweit sie für unsere Frage von Bedeutung sind, bei Gelegenheit der Besprechung der Rondels mit heranziehen werden, nur, wenn es sich um die Einschaltung einer Predigt oder eines Liedes handelt. Es fragt sich dann einestheils, wie die Verbindung dieses Stückes mit der vorhergehenden und nachfolgenden Rede behandelt ist, und anderentheils speciell bei einem Gesange, ob, falls derselbe der gleichen Person wie die voraufgehende Rede zufällt, diese letztere durch den Beginn des Liedes als beendigt angesehen wird und deshalb mit einem Viersilbler schliesst, oder ob sie, weil durch den Gesang fortgesetzt, auf einen Achtsilbler ausgeht.

A. Die Predigten.

Die Predigten konnten, je nachdem sie vor Beginn des eigentlichen Mirakels gesprochen oder an einer passenden Stelle in dasselbe eingeflochten wurden, als nicht zu dem Stücke gehörend oder als ein Bestandtheil desselben angesehen werden. So lässt 1) das elfte Mirakel die Predigt, welche es dem Stücke vorausschickt, ohne reimliche Verbindung mit dem Folgenden; das zehnte und neunzehnte dagegen, welche ihre Predigten das erstere zwischen v. 42 und 44, das letztere zwischen v. 13 und 14 setzen, lassen die lateinische Bibelstelle, welche die Predigt einleitet, mit dem vorhergehenden Verse, das Schlusswort der Predigt mit dem nächstfolgenden Verse reimen. In X entsteht hierbei eine kleine Unregelmässigkeit dadurch, dass der Prescheur vor Beginn seiner Rede von dem Bischofe den Segen erhält und dieser Spruch des Bischofs nicht nur mit dem Beginn der Predigt, sondern auch mit dem vorhergehenden Verse reimt. In XIX ist regnat: portas nach heutigen Begriffen kein Reim, in den Mirakeln jedoch, wo derartige ungenaue Bindungen nicht selten vorkommen[1]), nicht unzulässig. — In XIII ist die Predigt aber überhaupt nicht durch den Reim mit den benachbarten Reden verbunden, obwohl sie mitten in das Stück eingeschoben ist, und muss dieses Mirakel daher als in diesem Punkte von den anderen abweichend betrachtet werden.

2) In V und VI ist, wie in XI, die Predigt dem Stücke vorangestellt, doch reimt hier, im Gegensatz zu der Praxis jenes Mirakels, ihr Schlusswort mit dem ersten Verse der folgenden Rede. Ich bemerke, dass nicht das in V am Ende stehende Amen, sondern das vor diesem Worte stehende secula im Reime aufgenommen ist.

3) In VII bleibt der vorhergehende Vers reimlos, das Reimwort »hen« des folgenden Verses entspricht dem »Amen« am Schlusse der Predigt.

4) Die Predigt in II ist die einzige in Versen abgefasste; Anfang und Ende reimen, doch ist das Amen unberücksichtigt gelassen.

---

1) Vgl. soy (soif): toy II, 88. Christo: Po (Pol) II, 93. demourons (nous demourons): chapperon VII, 595. long: plonc (Blei) VII, 183. prés: forest IV, 572. iront: donc IV, 972 (und öfter). vous: doulours IV, 1148. rouce: rebource XII, 213. orrible: hide IV, 1198. respit: desservit (Part.) IV, 1479. savons: response (Antwort) V, 818. 790 etc.

5) IV wie V.
6) In XII ist die Predigt selbst nicht überliefert, sondern nur der Endspruch »in secula seculorum« angegeben. In Folge dessen bleibt der vorhergehende Vers reimlos. (v. 57)
7) XVI führt nur die Anfangs- und Schlussworte an, beide reimend. Das Amen wird in an (v. 98) wieder aufgenommen.
8) 9) 13) Die Predigt fehlt in XVII, I, VIII.
10) In III steht die Predigt vor dem Stücke, in XIV hinter v. 25, XV enthält keine Predigt. Das Schlusswort in III reimt mit beneiçon (v. 1.), und dieses wieder mit raison (v. 2.). Offenbar wollte der Dichter hier einerseits an die Predigt anknüpfen, andererseits aber auch mit einem vollständigen Reimpaar sein Drama beginnen. XIV widerspricht dem nicht, es schliesst sich in seinem Verfahren an X und XIX an.
11) IX. Predigt vor dem Mirakel. Der erste Vers der Rede des heil. Bernhard reimt weder mit dem Schlusse der Predigt noch mit dem zweiten Verse.
13) XVIII. Hinter v. 281. Wie in XIX etc., doch mit Berücksichtigung des Amen, welches in jenen beiden Stücken fehlt.
14) In XXVIII dem Stücke vorausgeschickt und wie in XI behandelt; in XX hinter v. 47, in XXI hinter v. 71. In XX ist nur Anfang und Ende, in XXI die ganze Predigt angeführt. Reim wie in XIX. Das Amen fehlt in XX, wird in XXI bei dem Reime übergangen.
15) In XXVI hinter v. 65, in XXVII hinter v. 33. Ersteres wie XIX, in letzterem reimt der vorhergehende Vers 33 mit dem folgenden Vers 34, der letztere ausserdem mit Uebergehung des Amen mit dem letzten Worte der Predigt; der Anfang der Predigt geht im Reime nicht mit. Die beiden Stücke verfahren hier also verschieden.
16) In XXII wie in III, in XXIII fehlend.
17) XXIV wie VI.
18) XXV wie XI.
19) 22—25) XXIX, XXXII, XXXIII, XXXIV, XXXV enthalten keine Predigten.
20) XXX Wie in XIX, doch reimt mit v. 15 nicht der lateinische Spruch, sondern die einleitenden Worte des Predigers »Or paiz et faites touz scillence«
21) XXXI. Vor dem Stücke, reimlos, v. 1 mit v. 2 reimend (= XI).
26) XXXVI wie XXXI.

B. Die Rondels.

Ueber das Rondel hat L. Müller in seiner Arbeit »Das Rondel in den französischen Mirakelspielen und Mysterien des 15. und 16. Jahrhunderts« (Ausg. u. Abh. XXIV) jüngst bereits gehandelt. Da seine Ausführungen jedoch von anderen Gesichtspunkten geleitet sind, in manchen Punkten auch nicht mit meinen Ansichten übereinstimmen, so gehe ich hier nochmals genauer auf die Frage ein.

Die Form.

1) X,	374.	8a:	*abb*ab*ab* | *abb*ab*b*	: b
	484.	8a:	*abb*ab*b*	: b
	562.	8a:	*ab*aa | *ab*a*b*	: a
	610.	8a:	*ab*a*b*	: b
XI,	286.	8a:	*abb*aa | *abb*ab*b*	: a
	333.	8a:	*abb*ab*b*	: b
	559.	8a:	*ab*aa | *ab*a*b*	: a
	597.	8a:	aa | *ab*a*b*	: b
XIII,	607.	8a:	*ab*aa | *ab*a*b*	: a
	707.	8a:	*ab*a*b*	: b
	1510.	8a:	*abb*aa | *abb*ab*b*	: a
	1583.	8a:	*abb*ab*b*	: b
XIX,	830.	8a:	*ab*aa | *b*ab*ab*	: a
	871.	8a:	*ab*a*b*	: b
	1237.	8a:	*ab*aa | *ab*a*b*	: a
	1275.	8a:	*ab*a*b*	: —

Aus der vorstehenden Tabelle ergeben sich für uns folgende Resultate:

Die Reprise besteht aus dem Refrain nebst einer gleichen Anzahl der nächst vorhergehenden Verse. Eine Ausnahme bildet allein XI, 597, wo die Reprise sich noch auf 2 weitere Verse erstreckt, welche dem Sinne nach zu dem Folgenden gehören.

Rondels wie Reprisen sind durch den Reim mit dem Schluss der vorhergehenden Rede verbunden.

Dieser vorhergehende Vers ist stets ein Achtsilbler.

Der Reim der folgenden Rede knüpft bei den Rondels an das erste, bei den Reprisen an das zweite Reimwort an. Eine Ausnahme macht das Rondel X, 374, dessen b-Reim fortgesetzt wird.

In dem Rondel XIX, 830 ist der fünfte Vers überzählig. Seinem Inhalte nach gehört er als Bühnenanweisung über dasselbe, wie bei dem Rondel X, 562, welches dem erwähnten in XIX gleich lautet. Diese kurze Notiz ist von hoher Bedeutung

für die Frage, ob in der Praxis gleich das erste Mal das ganze Rondel gesungen wurde, wie die Handschrift angiebt, oder nicht. Müller macht in Bezug hierauf einen Unterschied zwischen reprise und residu. Er versteht p. 44
1) »unter reprise die Wiederaufnahme eines gewissen Rondeltheils, gewöhnlich der ungefähren zweiten Hälfte. (Das ganze Rondel muss also schon vorausgegangen sein)
2) unter residu das an späterer Stelle vollendete Rondel (wobei einige Verse des vorausgehenden Theils sich wiederholen können).«

Ich kann dieser Ansicht nur insoweit beistimmen, als ich zugeben muss, dass überhaupt eine Scheidung zwischen reprise und residu zu machen ist; mit der Art seiner Definition dieser beiden Formen kann ich mich jedoch nicht einverstanden erklären. Gegen seine Auffassung von der reprise sprechen zunächst die beiden oben genannten Bühnenanweisungen, von denen allerdings die eine von der andern abgeschrieben ist, die aber immerhin doch ausdrücklich angeben, dass auf dem Wege zur Erde nur die Hälfte des Rondels gesungen werden soll. Es ist auch wohl nicht als Zufall anzusehen, dass die eine Bemerkung gerade als fünfter Vers in das Rondel hineingerathen ist, vielmehr ist anzunehmen, dass in der Handschrift, welche unserem Schreiber als Vorlage diente, die betreffenden Worte als Bühnenanweisung an diese Stelle gesetzt waren, weil hier das Rondel aufhören und die Reprise beginnen sollte, dass jedoch wegen der Achtzahl der Silben die Notiz von dem Copisten irrthümlich als Vers aufgefasst wurde. — Die über den Reprisen stehenden Bezeichnungen »fin du rondel, fin du rondel precedent, perfeccion du rondel« (Müller p. 43), sowie zahlreiche andere Ausdrücke[1]) lassen als völlig sicher erscheinen, dass gerade an den Stellen, wo Müller die Form der Reprise annimmt, das Rondel auf dem Wege zur Erde nicht vollständig gesungen wurde. Für unsere Frage ist dieser Umstand aber von um so grösserer Wichtigkeit, weil sich daraus die scheinbare Unregelmässigkeit bei dem Rondel X, 374 erklärt und sich ein Gesetz ergiebt, welches die erste Gruppe von einer Anzahl anderer abscheidet. Streichen wir nämlich überall, wie in der obigen Zusammenstellung geschehen, die später als Reprise

---

[1]) vgl. X, 479. 603. XI, 329. (»pardire« jedenfalls = zu Ende singen) 593. XIII, 105. XIX, 867. 1268. V, 587. VI, 679. VII, 875. II, 933. XII, 872. 1086 und zahlreiche andere in fast allen Stücken. Stellen, welche darauf schliessen lassen könnten, dass ein Rondel bereits auf dem Wege zur Erde zu Ende gesungen sei, finden sich nicht.

gesungenen Verse ab, so ergiebt sich für unsere Gruppe die Regel, dass der auf das Rondel oder die Reprise folgende Vers stets mit dem letzten des gesungenen Abschnittes reimt; bei X, 374 war demnach v. 7 der letzte Vers des Rondels, die folgende Rede musste also regelrecht den Reim b aufnehmen.

2) 3) In den der eben besprochenen Gruppe zunächst stehenden Mirakeln V, VI und VII finden sich in der Form der Rondels keinerlei Unregelmässigkeiten, wir unterlassen daher die Zusammenstellung der Schemata; nur über die Verknüpfung mit der vorhergehenden und folgenden Rede wenige Worte. In diesen Stücken fehlen bei den meisten Rondels die dazugehörigen Reprisen, es wird daher von der folgenden Rede fast stets der Schlussreim b des ganzen Rondels aufgenommen, die einzigen Fälle, wo der Reim a an dieser Stelle auftritt, sind diejenigen, wo eine Reprise vorhanden und das Rondel nicht 13 zeilig ist. (VI, 651 und VII, 844). Der letztvorhergehende Vers ist in V und VI stets ein Achtsilbler, in VII vor der Reprise ebenfalls ein Achtsilbler, vor den Rondels jedoch stets ein Viersilbler. Das fünfte und sechste Mirakel schliessen sich also in jeder Hinsicht eng an die erste Gruppe an, das siebente weicht in einem wichtigen Punkte davon ab.

4) II. 861.   8a: *abaa* | *abab*   : b
    905.   4a: *abbaa* | a   : a
    935.   4x: ab*babb* : a.

In dem zweiten Mirakel hat der Copist sich die Mühe erspart, den Schluss des Liedes zwei Mal zu schreiben. Er bricht jedoch nicht hinter dem fünften Verse ab, wie man erwarten sollte, sondern nimmt den sechsten noch hinzu, augenscheinlich deshalb, weil dieser dem Sinne nach nothwendig zu dem fünften gehört. In ähnlicher Weise fanden wir bereits bei dem Rondel XI, 559, dass es die Reprise aus demselben Grunde 2 Zeilen zu früh beginnen lässt, und es ist daher die Annahme nicht ausgeschlossen, dass manchmal, wenn der Sinn es nöthig machte, von der regelrechten Form der reprise abgegangen und statt ihrer eine Art von residu (vgl. unter 6) genommen wurde, deren Form von dem mehr oder minder engen Zusammenhang der verschiedenen Zeilen abhängig war. Nothwendig ist diese Annahme jedoch durchaus nicht, da sich andererseits auch wiederholt Beispiele dafür finden, dass ein Rondel mitten im Satze abbricht, wie z. B. XI, 286 und XIII, 607. Dasselbe Mirakel (XI) handelt hierin also nicht consequent. — Vielleicht aber liegt hier eine mangelhafte Ueberlieferung vor, auf welche sowohl der Reim a hinter der Reprise, durch welchen das Prinzip, die nächste Rede immer an den Schlussreim des Rondels anzuknüpfen, verletzt wird, wie auch das Fehlen jeder Reimverknüpfung der Reprise mit der Rede der heil. Jungfrau deutet. Hier ist der Text offenbar lückenhaft; es fehlt nämlich die Antwort der Engel auf den Befehl Marias, welche wenigstens die beiden anderen Male nicht fortgelassen ist. Die Silbenzahl der Verse vor den Rondels ist das eine Mal 8, das andere Mal 4; es ist nicht unmöglich, dass die 8silbigen Verse des ersten, die 7 silbigen des zweiten diese Verschiedenheit verursacht haben. Der Viersilbler vor der Reprise kann übrigens aus dem angeführten Grunde nicht in die Wagschale fallen.

5) IV, 1317. 4a: *abba* | abb*abb* : b
    1359. 4a: *abbaa* | abb*abb* : b

Das vierte Mirakel, dessen beide Rondels aus Siebensilblern bestehen, schliesst sich insofern dem zweiten an, als es in beiden Fällen den vorhergehenden Vers viersilbig sein lässt. Der fünfte Vers des Rondels 1317, welcher dem ersten entsprechen musste, ist — jedenfalls durch ein Versehen des Schreibers — ausgelassen.

6) XII, 842. 8a: *abaa* | ab   :b
    874. 4a: ab*ab*   :b
   1050. 8a: *abbaa* | abb   :b
   1090. 4a: abb*abb* :b

Die Rondels dieses Mirakels zeichnen sich schon äusserlich dadurch vor den bisher besprochenen aus, dass der Refrain am Schlusse derselben im Drucke fehlt. Da nun ausserdem, entgegen dem von uns unter 1) aufgestellten Gesetze, in beiden Fällen in der nachfolgenden Rede an Stelle des Reimes a der Reim b aufgenommen ist, so bleibt uns nur die Annahme übrig, dass entweder nur die vor dem Strich stehenden Zeilen gesungen wurden, der Verfasser aber nicht an den unmittelbar vorhergehenden Reim anzuknüpfen pflegte, oder dass die Rondels schon bei dem ersten Male soweit gesungen wurden, wie der Text angiebt. Bei der Regelmässigkeit des Fehlens der Refrainzeilen scheint die letztere Annahme die wahrscheinlichste. Müller erkennt in den Rondels dieses Stückes die Form des residu; ich stimme dem bei, möchte seine Definition des residu jedoch dahin geändert wissen, dass das residu im Gegensatz zur reprise, welche stets da anfängt, wo das Rondel aufhört, immer einige Verse des vorausgehenden Theils wiederholt; im Uebrigen haben reprise und residu dieselbe Form und Verszahl und beginnen bei derselben Rondelform immer mit demselben Verse. — Als weitere Eigenthümlichkeit des 12. Mirakels ist die Verwendung des Achtsilblers vor den Rondels, des Viersilblers vor den Reprisen zu bemerken.

7) XVI, 1528. 8a: *abbabab* | abba*bb* : b
    1601. 8a: abba*bb* : b
    1617. 8a: *abbabab* | abba*bb* : a
Nach dem Rondel 1617 musste regelrecht der Reim b von der folgenden Rede aufgenommen werden.

8) XVII wie Gruppe 1), abweichend der Viersilbler vor dem ersten Rondel (cf. v. 1144, 1216, 1762, 1985).

9) I zeigt vor den Rondels stets einen Achtsilbler, da der viersilbige Vers diesem Stücke überhaupt fremd ist. Reim wie in Gruppe 1), Reprisen kommen nicht vor.

10) III, 1128. 4a: *abbaa* | abba*bb* : —
   XIV, 828. 8a: *abbaa.b* | abb*abb* : a
       1040. 8a: abba*b* : b
       1267. 8a: *abbaa* | abb*a* : a
       1334. 8a: abba*bb* : —
   XV, 1378. 8a: *abbabab* | abba*bb* : a
       1451. 8a: ab : b
       1835. 4a: a[a]baa | a[a]bab : —

Es ist ein Kennzeichen dieser Gruppe, dass sie nach einem Rondel in der folgenden Rede stets an das erste, nach einer Reprise an das zweite Reimwort anzuknüpfen pflegt. Die Vermuthung, dass diese Eigenthümlichkeit darauf zurückzuführen sei, dass auf dem Wege zur Erde das Rondel bereits soweit gesungen wurde, wie die Handschrift XIV, 1267 angiebt, dass wir es hier also mit einer Art residu zu thun haben, scheint mir wenig wahrscheinlich. Näher liegt wohl die Annahme, dass sich der Schreiber hier einmal wieder eine Nachlässigkeit hat zu Schulden kommen lassen, ist es doch Thatsache, dass gerade bei dem Refrain nicht selten ein Vers oder mehrere fortgelassen sind (vgl. XIV, 1040 und XV, 1451). Eine endgültige Entscheidung kann bei der geringen Zahl der Beispiele nicht gefällt werden. — Den beiden Rondels, welche keine Reprise haben, geht ein Viersilbler voraus, allen andern, wie auch den Reprisen, ein Achtsilbler. — Die Unregelmässigkeit des Baus von XV, 1835 wird weiter unten besprochen werden.

11) IX wie Gruppe 1), abweichend der Viersilbler vor der Reprise. Das Stück enthält nur ein Rondel.

12) XVIII, 1182. 8a: *abaa* | ab*ab* : a
        1220. 7a: ab*ab* : b
        1440. 8a: *abbaa* | abba*bb* : b
        1468. 8a: abba*bb* : b

Das Rondel 1440 ist, wie es scheint, dem 34. Mirakel entnommen, wo es die Formel a: abbabab: b hat (v. 2185). Durch diese ist vielleicht die Unregelmässigkeit der Verbindung mit der folgenden Rede hervorgerufen. Der Siebensilbler ist eine

Eigenthümlichkeit dieses Stückes, der wir später noch in einer ganzen Anzahl anderer Mirakel begegnen werden (siehe auch v. 126). Als ein Neunsilbler darf v. 1107 angesehen werden. Es ist bemerkenswerth, dass 9 silbige Verse nur in solchen Stücken vorkommen, welche auch 7 silbige enthalten (cf. XX, 1355. XXIII, 624. XXVII, 996).

13) VIII, 673. 8a : ab*aa* | ab : b
      697. 9a :   ab*ab* : b
      763. 8a : *ab*aa | ab*ab* : b
      883. 8a : ab*aa* | ab : b
      933. 8a :   ab*ab* : b

Ueber die in diesem Stücke auftretende residu-Form vgl. das unter 6) Gesagte. Im Uebrigen ist characteristisch für VIII die bis ins Kleinste gehende Uebereinstimmung aller 3 Rondels, selbst in Bezug auf die Zahl der Verse und Silben. Die Verwendung des Achtsilblers auch vor den Reprisen entspricht dem Gebrauche von XII nicht.

14) XX, 424. 7a : a*bb*aba | abb*abb* : b
     484. 7b :   abb*abb* : b
     950. 7a : ab*aa* | ab*ab* : a
     988. 4a :   ab*ab* : b
XXI, 1546. 8a : ab*b*abab | : b
     1575. 8a :   abb*abb* : b
XXVIII, 1090. 4a : ab*b*abab | abb*abb* : b
     1135. 8a :   abb*abb* : b
     1555. 8a : ab*b*abab | abb*abb* : b
     1592. 8a : | abb*abb* : b

Reim wie in Gruppe 1), auffallend jedoch der Reim b vor der Reprise XX, 484, der sonst nirgends an dieser Stelle vorkommt. In dem Rondel XX, 424 ist der 7. Vers ausgefallen. In Bezug auf den den Gesängen voraufgehenden Vers herrscht keine Uebereinstimmung; der in XX überwiegende 7 Silbler greift in dem einen Falle sogar noch auf die beiden nächstvorhergehenden Verse zurück (v. 947 bis 949), kommt dagegen in XXI und XXVIII überhaupt nicht vor.

15) XXVI und XXVII. Reim wie in Gruppe 1) (vgl. XXVI, 1065. 1136. 1380. 1487. XXVII, 1240. 1287) Vor den Gesängen wechseln in beiden Stücken Acht- und Viersilbler mit Siebensilblern.

16) XXII, 1216. 7a : ab*b*abab | abb*abb* : b
     1373. 7a :   abb : b
     1721. 7a : ab*b*aa | abb*abb* : —
XXIII, 1772. 7a : ab*b*aba | abb*abb* : b
     1802. 7a :   abb*abb* : b

Reim wie in Gruppe 1). Consequente Durchführung des

7 Silblers vor den Gesängen, Auftreten desselben auch auch an anderen Stellen, so XXII, 1470 bis 75 und XXIII, 1562 bis 63, des 9 Silblers in XXIII, 624. Der XXII, 1373 fehlende Refrain ist nach dem Rondel nachzutragen, der in XXIII, 1772 fehlende 7. Vers findet sich richtig in dem Rondel XXXIV, 1744.

17) In XXIV kommt nur ein Rondel vor, welches genau wie die in den Mirakeln der 1. Gruppe enthaltenen behandelt ist. Es fehlt darin der 7. Vers, der des Sinnes wegen auch nur schlecht ergänzt werden kann. (cf. v. 839. 899).

18) Die beiden Rondels in XXV sind wie die in der ersten Gruppe behandelt. Es fehlt der letzte Refrainvers in der Reprise v. 357. Ein 7 Silbler findet sich v. 1355 vor dem lateinischen Liede.

19) XXIX. Ein Rondel (v. 1782. 1837). Bemerkenswerth der 7 Silbler vor dem ersten, der 8 Silbler vor dem zweiten Theile.

20) XXX. Der vorhergehende Vers hat bald 8, bald 4 Silben. (v. 859. 914. 1410. 1465).

21) XXXI, 994. 7a: abbabab | : b
    1042. 7a: | abba*bb* : b

Wie in XXI und XXXIV sind die beiden Abschnitte des Liedes getrennt von einander in den Text eingetragen; es ist, da auch die Reimbindung dafür spricht, kaum zweifelhaft, dass jeder Abschnitt für sich gesungen wurde. (Form der reprise). Im Uebrigen wie 16).

22), 24), 26), 27) XXXII, 424. 473. XXXIV, 2185. 2216. XXXVI, 976. 1007. XXXIX. Wie Gruppe 1).

23) XXXIII, 1266. 7a: abbababb | abb   : b
    1307. 7a: | abb   : b
    1976. 7a: abbabab | abb   : b
    2010. 7a: | abba*bb* : b

Auffallend ist der Wegfall des Refrains in beiden Rondels, als wahrscheinlich dürfen wir annehmen, dass in Wirklichkeit auf dem Wege zur Erde die Rondels soweit gesungen wurden, wie die Handschrift angiebt (vgl. VIII und XII), doch ist es auch nicht unmöglich, dass hier die fehlenden Verse durch die Schuld des Schreibers ausgefallen sind. In dem Rondel XXXIII, 1266 ist der achte Vers überzählig; seinem Inhalte nach gehört er nothwendig zu dem vorhergehenden, sein Wegfall würde dem Satze, dessen Subjekt in Vers 7 steht, das Prädikat und das Objekt nehmen. Wäre nun gleich das erste Mal das Rondel bis zum elften Verse gesungen worden, so würde eine Ausstossung des achten Verses unmöglich, die Form des Rondels also eine unrichtige sein; wurde es dagegen nur bis zum Strich

vorgetragen, so fiel die durch den Ausfall dieser Zeile entstehende Sinnlosigkeit weit weniger auf, da es, wie wir früher gesehen haben, oft vorkommt, dass das Rondel mitten im Satze abbricht. Die Annahme der reprise-Form wird hierdurch sehr wahrscheinlich gemacht.
25) XXXV, 1384.   8a: *abbaa* | abb*abb* : b
1421.   8a: | abb*abb* : b
Der Achtsilbler vor dem Rondel ist nicht beweiskräftig, da der betreffende Vers vielleicht nicht echt ist. Der Reim b im Anfang der folgenden Rede entspricht nicht dem unter 1) angeführten Gesetze; die Worte Gabriels v. 1419—20 gestatten jedoch nicht anzunehmen, dass das Rondel bereits auf dem Wege zur Erde zu Ende gesungen wurde.

Vorkommen der Rondels und Reprisen.

Die Rondels sind Lieder, welche von den Engeln auf den Wegen, die Gott oder Nostre Dame machen, gesungen werden. Im Allgemeinen ist hierbei in allen Mirakeln der Grundsatz durchgeführt, dass auf dem Wege zur Erde der Anfang, bei der Rückkehr zum Himmel der Schluss des Rondels, die Reprise, gesungen wird. Jeder Gesang wird durch ein voraufgehendes Gespräch der Engel eingeleitet. Wir werden im Folgenden unsere Aufmerksamkeit einigen Mirakeln zuwenden, welche von dieser Regel eine Ausnahme machen oder zu machen scheinen.

1) Dass in XIII Nostre Dame im Verkehr mit Libanius, auch ohne dass die Engel singen, auftritt, hat seinen Grund darin, dass sie den Himmel nicht verlässt; sobald sie zur Erde hernieder steigt, wird ein Lied gesungen.

2) In V werden die beiden ersten Rondels gesungen, ohne dass es sich um ein Kommen und Gehen handelt, es fehlt in Folge dessen beide Male auch die Reprise, welche das letzte Mal, als die Engel die heil. Jungfrau zum Tempel begleiten, regelrecht auf dem Rückwege gesungen wird. In ähnlicher Weise fehlen auch in VI wiederholt die zu den Rondels gehörigen Reprisen. Dieses Letztere hat seinen Grund in einer den beiden Stücken gemeinsamen Eigenthümlichkeit, der nämlich, dass die Rondels, gewöhnlich Lieder zum Lobe Gottes oder der Jungfrau Maria, welche mit der eigentlichen Handlung nichts zu thun haben, in V und VI zum Theil in engere Beziehungen zu den eben stattfindenden Ereignissen gesetzt sind. So betont in V das erste in Beziehung auf die eben von Salome angezweifelte unbefleckte Empfängniss Mariä, dass

Dieu enfantn sanz brisier | De riens sa vierge affeccion,
weist das dritte auf die gerade stattfindende Reinigung hin:
Car pour vous d'omme et Dieu ensamble | Est hui donnée
Offrande au temple desirée, |
während das zweite allgemeiner die Geburt Christi besingt.
So ist auch in VI das Schlussrondel ein Lied zur Bewillkommnung
der Seele Anthures, enthält das das zweite Mal auf dem Wege
zu Jehan gesungene eine Ansprache an diesen, welches natürlich
auf dem Heimwege nicht mehr passt und deshalb durch ein
anderes von allgemeinerem Inhalte ersetzt wird. Die beiden
Stücke bieten ausserdem, XXII ausgenommen, (vgl. den Abschnitt
»Der Schluss« unter 16.) die einzigen Beispiele, dass Rondels
auch ohne die Anwesenheit Gottes, der heil. Jungfrau oder eines
Heiligen gesungen werden (so die 3 Rondels in V und das
Schlussrondel in VI).

3) VII lässt die Engel bei dem ersten Auftreten der Jungfrau ohne allen Grund auf dem Rückwege ein neues Rondel beginnen.

4) In II wird das erste Rondel auf dem Wege zur Aebtissin gesungen; von hier aus kehrt man nun nicht gleich zum Himmel zurück, sondern geht zuvor noch zu dem Eremiten und von da erst zum Himmel. Die Reprise des ersten Rondels musste daher ausfallen und statt dessen ein neues Rondel begonnen werden.

5) Das 4. Mirakel steht in Bezug auf die Gesänge noch nicht auf der Entwicklungsstufe der übrigen Stücke, das erste ausgenommen. Die ganze Behandlung der Scenen, in welchen die Rondels stehen oder stehen sollten, ist eine ungewöhnliche. Ein Gespräch Nostre Dame's mit den Engeln findet überhaupt nur vor dem Verlassen des Himmels statt und dann in der Weise, dass Maria ihre Absicht, sich zur Erde zu begeben, dem einen ihrer Begleiter kundthut, und dieser sie dann weiter dem anderen mittheilt. Die Rondels werden gesungen das eine auf dem Wege zum Eremiten, das andere bei der Heimkehr zum Himmel, und zwar ohne dass weder Nostre Dame, noch einer der Engel vorher davon gesprochen hätte. Auf dem Wege zur Königin spricht die Jungfrau allerdings mit den Engeln, vom Singen ist jedoch nicht die Rede, und nachher verschwindet sie gar plötzlich ohne alle Förmlichkeit. Dies allein dürfte genügen, um eine Zusammenstellung dieses Stückes mit einem der anderen von vornehereín unmöglich zu machen.

7) In XVI singt man auf dem Wege zur Erde ein Rondel, in der Kapelle die Reprise und bei der Rückkehr abermals ein Rondel. Es ist dies das einzige Beispiel, dass eine Reprise nicht auf dem Heimwege gesungen wird; nach dem Verfahren von

II musste das zweite Rondel in der Kapelle und dessen Reprise auf dem Wege zum Himmel gesungen werden.

9) Wie IV steht auch I auf einer relativ niedrigen Entwicklungsstufe. Während die übrigen Mirakel Nostre Dame stets nach einer mehr oder weniger bestimmten Schablone einführen, herrscht hier noch völlige Regellosigkeit. Nach dem einleitenden Gebet der Dame tritt Maria plötzlich redend auf, ohne dass eine Scene im Himmel uns darauf vorbereitet hätte, sie verschwindet ebenso plötzlich wieder, mit keinem Worte kundgebend, dass ein Engel sie begleite. Auch als die Teufel den Sohn holen wollen, erscheint sie ganz plötzlich und abermals, wie es scheint, ohne Gefolge. Nur ein Mal (v. 434 ff.) erinnert der Vorgang an die übrigen Mirakel. Nostre Dame fordert Gabriel und Michael auf mit ihr zu gehen, ohne ihnen indess mitzutheilen, warum und wohin sie gehe. Es fragt auch keiner der Engel danach, sie erklären sich in kurzen Antworten von je 2 Zeilen bereit und beginnen dann sofort den Gesang, wiederum ohne dass Nostre Dame oder einer von ihnen deswegen einen Wunsch geäussert hätte. Bei der Rückkehr geht es ebenso einfach zu. Maria giebt keinerlei Befehle zur Umkehr oder gar zum Singen. Sie sagt »Je m'en revoys en paradis,« und dann singen Gabriel und Michael von selbst, und zwar nicht die Reprise des letzten Rondels, sondern ein neues. V. 1460 wird nach beendigter Gerichtssitzung noch ein Mal ein Rondel von den Engeln gesungen. Gott sagt zu seiner Mutter »alons men aussi,« sie erklärt sich einverstanden, und darauf folgt direct der Gesang, über dem, wie vorher, »Les Anges« steht. Wir brauchen über diese Eigenthümlichkeiten wohl kaum weiter ein Wort zu verlieren.

10) In III lässt Nostre Dame auf dem Wege von ihrem Aufenthaltsorte zu Gott nicht singen und zwar, wie sie v. 794 ff. ausdrücklich bemerkt, aus Trauer um ihren ermordeten Diener, dessen Tod noch nicht gerächt ist. Nach erlangter Rache verlangt sie von selbst für den Rückweg ein Rondel. Selbstredend kann hierin keine Abweichung von den übrigen Mirakeln der Gruppe gesehen werden.

11) In IX wird nur das eine Mal ein Rondel gesungen, wo Nostre Dame ohne Gott zur Erde herabsteigt; das andere Mal, wo Gott sie begleitet, schweigen die Engel. Das Mirakel steht in diesem Punkte völlig allein.

13) Ohne Grund ist in VIII bei dem zweiten Auftreten Marias die Reprise weggefallen. Im Gegensatz zu V, VI und XX sei bemerkt, dass Saint Pierre mit den Engeln ohne Gesang zur Erde herabsteigt.

14) Saint Pierre und Saint Pol singen, als˙sie dem Kaiser erscheinen, mit den Engeln gemeinsam ein Loblied auf Gott. (XX, 424.)

25) XXXV, 1485 redet Gott aus seinem Bildniss in der Kirche. Er begiebt sich deshalb nicht extra zur Erde hernieder, und ist daher bei dieser Gelegenheit kein Rondel angebracht worden. Es ist das VII gegenüber von Bedeutung, da dort die heil. Jungfrau, um das Wunder mit ihrem Bilde ausführen zu können, in Person zugegen sein muss.

26) In XXXVI sind bei zwei Erscheinungen die Gesänge fortgelassen, und es ist fraglich, ob an den betreffenden Stellen überhaupt je welche gestanden haben, obwohl beide Male vorher vom Singen gesprochen wird. Das erste Rondel müsste nach v. 625, das andere Rondel hinter v. 1530, die Reprise desselben hinter v. 1572 stehen. Nun ist bei der regelmässigen Reimbindung, die auch dieses Mirakel bei dem einen darin vorkommenden Rondel beobachtet, der auf die Reprise folgende Reim stets ein anderer wie der derselben vorhergehende; hier aber reimt v. 625 mit v. 626 und v. 1572 mit v. 1573, es ist also nicht anzunehmen, dass dazwischen einmal eine Reprise gestanden hat. Bei dem Rondel kann je nach der Verszahl vor und nach demselben derselbe oder auch ein anderer Reim verwandt werden. Hinter v. 1530 könnte also immerhin das Lied durch irgend ein Versehen weggelassen sein; hinter v. 392 jedoch beginnt zwar ein neuer Reim, der aber nicht mit dem letzten Verse eines Rondels reimlich gebunden gewesen sein kann, da er mit dem folgenden Verse 394 reimt. Der Vers 392 muss als reimlos angesehen oder ganz gestrichen werden, da die Rede des Troisiesme Ange nach der Bühnenanweisung noch fortgesetzt wird, und Viersilbler nur am Schlusse einer Rede gestattet sind.

Ueberarbeitungen fremder Rondels.

Mehr oder weniger übereinstimmend sind die Rondels:
1) I, 477. XII, 1050. XIV, 1267. 10) XV, 1378. XXVIII, 1555.
2) III, 1128. XI, 286.   XXXIX, p. 652
3) V, 502. XXXVI, 976. 11) XVI, 1528. XXVIII, 1090.
4) VII, 328. XXIX, 1782. 12) XVI, 1617. XXVII, 1240.
5) X, 374. XVIII, 1182.   XXXIII, 1266.
6) X, 562. XIX, 830. 13) XVIII, 1440. XXXIV, 2185.
7) XI, 559. XIX, 1237. 14) XXII, 1721. XXVI, 1065.
8) XII, 842. XIV, 828. XXXIII, 1976.   XXX, 1410.
9) XIII, 607. XV, 1835. 15) XXIII, 1772. XXXIV, 1744.

1) XII und XIV stimmen wörtlich überein, I zeigt einige unbedeutende Abweichungen.

2) III scheint eine Umarbeitung von XI zu sein, da einestheils die Zeilen 2 und 3 in XI natürlicher sind und die Lesart von XI »Par vous en gloire haultaine etc.« den von III »O vous etc.« vorzuziehen ist.

3) Bei V, 502 ist die Abweichung von XXXVI, 976 characteristisch für das Stück, welches seine Rondels den eben vor sich gehenden Ereignissen angepasst hat.

4) Umgearbeitet.

5) Uebereinstimmend nur der Refrain.

6) Wörtliche Gleichheit.

7) Fast wörtliche Uebereinstimmung.

8) XIV und XXXIII haben denselben Wortlaut, nur in einem Falle — Zeile 4 — zeigt XXXIII die richtige Lesart »a nul amére« statt »a nulle amére,« auch steht in XXXIII der in XIV fehlende fünfte Vers, es liegt daher die Vermuthung nahe, dass letzteres Stück von ersterem abgeschrieben hat. XII klingt an XIV und XXXIII nur im Refrain an.

9) XV hat offenbar XIII benutzt und ausser durch einen etwas veränderten Text auch durch Einschiebung dreisilbiger Verse, welche nach dem Versmasse jedoch sofort als Einschiebsel zu erkennen sind, zu entstellen gesucht. (vgl. unter »Form der Rondels«).

10) Wörtlich gleichlautend in XXVIII und XXXIX, in XV ist nun der Refrain derselbe, doch ist auch in dem Uebrigen noch deutlich die Ueberarbeitung zu erkennen.

11) Einige geringfügige Abweichungen.

12) In XVI und XXVII sind nur 3 Verse von einander verschieden, die Lesart »pour ceste affinité« (XXVII) für »par ceste affinité« (XVI) in einer vierten Zeile scheint die ursprünglichere zu sein. XXXIII zeigt ausser dem Gleichlaut der Reime und der ersten Zeile nur geringe Anklänge.

13) In XXXIV steht die in XVIII fehlende fünfte Zeile, dazu ist die Lesart »Qu'en esperit« (XXXIV) für »que esperit,« da sie den Hial beseitigt, die bessere. Es ist daher nicht unwahrscheinlich, dass das Rondel ursprünglich dem 34. Mirakel angehört.

14) Das Rondel ist in XXII und XXVI aus 7 silbigen Versen zusammengesetzt, die Umgestaltung zu Achtsilblern (XXX) durch Einschaltung einsilbiger Wörter etc. leicht zu erkennen, XXX zeigt also wahrscheinlich nicht die ursprüngliche Form, welche vielmehr die von XXII zu sein scheint. (vgl. Müller p. 48).

15) XXXIV enthält den in XXIII fehlenden siebenten Vers, sonst genaue Uebereinstimmung.

Die unter 2), 15), und 10) (in letzterem nur das Rondel aus XXXIX) angegebenen Fälle sind von Müller übersehen worden, XII, 842 und XXXIII, 1266, sowie den unter 5) vermerkten Fall hat er in seiner Zusammenstellung wegen der geringen Aehnlichkeit wohl absichtlich ausser Betracht gelassen. Wir haben geglaubt, das Vorkommen derselben Rondels in verschiedenen Mirakeln an dieser Stelle nicht völlig übergehen zu dürfen, da dasselbe in gewisser Hinsicht für die Kenntniss der Verfasser nicht ohne Werth ist. Es entspricht vollständig unserer Eintheilung, dass nur in 2 Fällen in derselben Gruppe gleichlautende Rondels vorkommen (XI, 559: XIX, 1237 und X, 562: XIX, 830), und diese beziehen sich beide auf ein Mirakel, dessen Zugehörigkeit zu den beiden anderen Stücken nicht über allen Zweifel erhaben ist. Es ist an und für sich wenig wahrscheinlich, dass ein Dichter von sich selbst abgeschrieben hätte, dagegen sehr leicht erklärlich, dass er ein fremdes Rondel nahm und es für seinen Zweck passend umarbeitete, wie V resp. XXXVI gethan hat (s. unter 3.), oder es durch Umarbeitung wenigstens möglichst unkenntlich zu machen suchte, wie namentlich der unter 14) angeführte Fall in eclatanter Weise zeigt. Völlige Uebereinstimmung findet sich nur in relativ wenigen Fällen.

Résumé.

Die noch wenig vorgeschrittene Technik, welche sich vorzugsweise in der Beibehaltung des achtsilbigen Verses auch am Schlusse einer Rede und in der Behandlung derjenigen Scenen, in welchen Nostre Dame auftritt, zeigt, die naiven Anschauungen, welche sich namentlich in dem Verhältniss Gottes und der Jungfrau Maria zu einander, in der Darstellung der Teufel, des Papstes und der Eremiten geltend machen, lassen es als wahrscheinlich erscheinen, dass wir in dem ersten Mirakel das älteste Stück der ganzen Sammlung zu sehen haben. Es bildet in gewisser Weise den Ausgangspunkt für alle späteren Dichtungen dieser Art. Die grosse Verehrung, welche der heiligen Jungfrau in einer grossen Anzahl der Stücke bewiesen wird, ebenso wie die dienende Rolle, welche sie in anderen spielt, sind hier bereits in ihren ersten Umrissen vorgezeichnet. Man durfte nur das Vertrauen auf den Beistand der Mutter Gottes, welche die Dame wie ihr Sohn oft so überschwenglich in ihren Gebeten an den Tag legen, zur alleinigen Grundlage eines Stückes machen, und man erhielt Mirakel wie das 10., 11., 13. etc., man durfte nur ihre Abhängigkeit von dem Willen Gottes besonders betonen, und es entstanden Stücke wie XX, XXI, XXII. Auch die spätere schablonenmässige Behandlung der Scenen, in denen Maria auftritt, zeigt sich bereits im Keime in dem zweiten Erscheinen der heiligen Jungfrau. Ob nun wirklich gerade dieses Stück allen andern als Vorbild gedient hat, muss natürlich dahingestellt bleiben, indess haben wir wenigstens in mehreren Fällen eine Abhängigkeit von demselben zu constatiren vermocht. Die in IV eingeflochtene Bemerkung, der Eremit lebe von dem Manna des Himmels, ist vielleicht auf eine Beeinflussung seitens dieses Stückes zurückzuführen. Die Sitte, dass man einer Wöchnerin das Leben der heiligen Margaretha auf die Brust legt, findet sich in XV wieder[1]). Auch empfiehlt ihr, wie in I die Teufel thun, die Amme, das Kind 7 Jahre lang vor Feuer und Wasser gut zu hüten, und äussert diese letztere in gleicher Weise wie Nostre Dame beim Abschied von der Dame, dass sie gehen müsse, weil sie noch anderswo zu thun habe (I, 27. XV, 551). Der Verfasser von XVI hat diesem Stücke die Scene zwischen den sergents und dem curé entlehnt, der von XXXVI zeigt sich in der Gerichtsscene in hohem Grade von I abhängig (vgl. unter »Die Teufel«) Ich zweifle nicht, dass sich bei genauerer Durchforschung noch zahlreiche andere Belege finden lassen würden, welche beweisen, dass eine ganze Anzahl Mirakel unter dem Einflusse dieses ältesten Stückes gestanden haben.

Ich habe oben die Vermuthung ausgesprochen, dass die Notiz über den Eremiten, dass er von dem Manna des Himmels lebe, vielleicht durch Benutzung des ersten Mirakels in das vierte hineingerathen sei. Es ist noch eine andere Annahme möglich, die nämlich, dass auch IV aus älterer Zeit stamme und zu dieser Zeit es gebräuchlich gewesen sei, den Eremiten eine solche ungewöhnliche Beköstigungsweise in den religiösen Dramen zuzuschreiben. Diese Annahme wird gestützt durch die mangelhafte, an I erinnernde Behandlung der Mariascenen, durch den in andern Punkten deutlich erkennbaren Fortschritt jedoch widerlegt. Das Versmass ist bereits das in den übrigen Mirakeln übliche, das Verhältniss der Jungfrau Maria zu Gott ist ein anderes, und von den naiven Ansichten, welche I über manche Dinge hat, finden sich hier kaum noch Beispiele. Das Mirakel ist also jedenfalls jünger als das eben besprochene, jedoch älter als die übrigen Stücke der Sammlung. Als Unterscheidungsmerkmale des vierten Mirakels sind ausserdem noch die folgenden Punkte anzuführen: — Nostre Dame redet nie

---

[1]) Auch in XXXII ruft übrigens Osanne in ihren Wehen diese Heilige an.

beide Engel zugleich an, wie sie das in allen andern Stücken zu thun pflegt. — Das Bestreben, Gabriel und Michael gleichzustellen. — Das Benehmen des Königs bei der Verurtheilung seiner Frau (ähnlich in XII, anders in XXVII, XXVIII, XXIX, XXXII—XV). — Maria stellt sich nicht vor. — Der Character der Fille. — Der Viersilbler vor den Gesängen. — Ueber das Alter der übrigen Stücke vermag ich nichts Bestimmtes zu sagen, da eine allmähliche Fortentwicklung von einem zum andern nicht constatirt werden kann. Wohl lässt sich in mehreren Fällen mit einiger Wahrscheinlichkeit annehmen, dass ein Stück eher als ein anderes geschrieben ist, doch genügen diese vereinzelt dastehenden Fälle nicht, um die verschiedenen Gruppen in der begonnenen Weise nach ihrer chronologischen Aufeinanderfolge zu behandeln. Ich wende mich daher im Folgenden wieder der bisher von mir angenommenen Reihenfolge zu.

1) X, XI, XIII, XIX. Die Jungfrau Maria ist vollständig an die Stelle Gottes getreten. Es wird Gewicht darauf gelegt, dass man sie aus ihrem Benehmen und der Art ihrer Verehrung als ein Weib erkennt. — Die Heiligen nehmen am Gesange der Engel nicht Theil. Namen der Engel: Gabriel und Michael. — Teufel nur in XIII. Sie sind die Spassmacher des Stückes. Maria wird von ihnen Maroye genannt (letzteres auch in III, Marion in XII, Marie in VI). — Die Hauptpersonen werden zuletzt Mönche oder Einsiedler. — Erscheint Maria in einer Kirche, so wird ihr vorher von den Engeln ein Sitz hergerichtet. — Predigt: Uebereinstimmend in X und XIX, nicht widersprechend in XI, abweichend in XIII. — Behandlung der Gesänge nach demselben bestimmten Prinzipe. —

Für die Isolirung von XIX sprechen folgende Gründe: — Der Chanoine erkennt die Jungfrau Maria sofort, während dies in den drei anderen Stücken von den betreffenden Personen nicht geschieht. — Auffallende Uebereinstimmung des Schlusses mit dem von XIII, zweier Rondels mit X resp. XI. — Sie genügen nicht zur Ansetzung eines besonderen Verfassers. —

2) V, VI. Nostre Dame ist wie in 1) völlig unabhängig von Gott, doch wird dessen Vorhandensein nicht geradezu ignorirt, wenn er auch nicht in Person auf der Bühne erscheint. Unterscheidung zwischen seinen Dienern und denen der heil. Jungfrau. Auftreten der Engel als Boten Gottes. — Darstellung der Teufel von XIII abweichend. — Gleichstellung Michaels mit Gabriel. — Nostre Dame stellt sich Jehan in VI vor. — Predigt: Andere Verbindung als in XI. — Form der Rondels wie in 1). — Der Inhalt der Gesänge ist möglichst der Handlung angepasst. —

3) VII. Nostre Dame wie in 1) Gabriel spricht stets vor Michael. — Maria stellt sich nicht vor. — Verschiedenheit des Characters der Nonne (VII) und des Chanoine (XIX). — Eigenthümliche Einfügung der Predigt. — In der Behandlung der Rondels in ganz bestimmter Weise von 1) und 2) abweichend. — In der Verwendung der Rondels nicht consequent. —

4) II. Nostre Dame wie in 1). — Lebensweise des Eremiten anders als in I und IV. — Gleichstellung von Gabriel und Michael. — Auffallender Schluss. — Leichtfertiger Character der Aebtissin und Nonnen. — Einzige Predigt in Versen. Reim wie in X. — Kein festes Prinzip in der Behandlung der Gesänge. —

5) IV. Siehe oben. S. 67.

6) XIII. Verhältniss Nostre Dame's zu Gott ähnlich wie in IV, jedoch einige bemerkenswerthe Unterschiede. — Die Rolle des Teufels ist ganz untergeordneter Natur. — Festes und eigenartiges Prinzip in der Reihenfolge der Reden der Engel. — Fröhliches Ende. — Ueber Predigt und Rondels siehe die betreffenden Abschnitte. —

7) XVI. Nostre Dame als Fürbitterin bei Gott verehrt. Eingreifen Gottes in die Handlung, ohne dass er allerdings selbst auf der Bühne erscheint. — Die Rollen des Papstes und der Teufel. — Vor den Gesängen steht immer Michael zuletzt. — Vgl. vor allem auch die unter »Einzelnes« aufgeführten Punkte. — Ueber die Predigt und die Gesänge siehe diese. Zu bemerken die Abweichung von II, die Verwendung der Reprise betreffend. —

8) XVII. — Eigenartige Ansicht über die Stellung und das Wirken Marias. — Einziges Stück, wo in dem Gefolge der Jungfrau Michael durch Raphael ersetzt ist. Der Heilige betheiligt sich nicht an dem Gesange. — Der Eremit ist anders als in I, IV und II, der Papst anders als in XVI geschildert. — Vgl. »Das Verhalten auf Reisen.« — Maria stellt sich nicht vor. — Eigenthümliche metrische Verhältnisse (siehe »Einzelnes«). — Ueber Predigt und Rondel siehe oben. —

9) I. Siehe oben. S. 66.

10) III, XIV, XV. — Sehr bemerkenswerthe Uebereinstimmung in dem Auftreten der Jungfrau. — Gleicher Character etc. der Teufel in III und XIV. — Gleicher Schluss. — Entschiedene Bevorzugung Gabriels. — Beachtenswerth die Art der Einfügung der Predigt (III, XIV). — Keine Widersprüche in der Behandlung der Rondels. — Auffallende Furcht des Papstes vor dem Teufel (XIV). — Der mari erkennt Maria nicht (XV). — Einführung des Fegefeuers (XIV). — In Betreff der Heiligen verschiedenes Verfahren. —

11) IX. Nostre Dame ähnlich wie in 10), doch abweichend, dass sie dem heil. Wilhelm Hülfe bringt, trotzdem dieser sich bisher gar nicht um sie gekümmert hat. — Im Gefolge Marias nur weibliche Heilige. — Namen der Teufel dieselben wie in I, doch von anderer Form. — Gehässiger Character des Papstes und der Einsiedler. — Nostre Dame stellt sich und die Heiligen vor. — Auffallende Behandlung der Reden der Heiligen und Engel. — Eigenthümliches Verfahren in Bezug auf die Predigt, Form und Verwendung der Rondels.

12) XVIII. Höheres Ansehen der Jungfrau bei den Menschen, niedrigere Stellung derselben Gott gegenüber. — Der Teufel und die Art ihn zu beschwören. — Gabriel und Michael abwechselnd als Boten verwandt. — Ernster Schluss (wie in 1.) — Theodora erkennt Maria nicht. — Ueber Predigt und Rondel siehe oben. Bemerkenswerth das noch vereinzelte Auftreten des 7 und 9 silbigen Verses.

13) VIII. Gott absoluter Herrscher, Maria unterwürfige Dienerin desselben, trotzdem unbedingtes Vertrauen der Menschen auf ihre Hülfe. — Aehnlich die Rolle des heil. Petrus. — Der Eremit Rathgeber des Papstes in religiösen Dingen. — Von Wichtigkeit namentlich auch die Behandlung der Rondels in Bezug auf ihre Form und Verwendung.

14) XX, XXI, XXVIII. Einführung Marias in die Handlung nach einer bestimmten Schablone. — Das Auftreten der Heiligen dementsprechend, sie singen die Rondels nicht mit. — Gabriel zwei Mal hinter einander als Bote verwandt (XXI) — Schluss in XX und XXI übereinstimmend, in XXVIII nicht widersprechend. — Verurtheilung der Königin durch ihren Gemahl (XXVIII) wie in XXVII, XXIX, XXXII, anders in IV und XII. — In Bezug auf das Vorstellen gleiches Verfahren in allen drei Stücken. — Ebenso in Betreff der Predigt. — Jedoch keine Gleichheit in der Behandlung der Rondels. Der in XX vor den Gesängen überwiegende 7 Silbler kommt in XXI und XXVIII überhaupt nicht vor. — Ueber das Singen der Heiligen s. unter »Vorkommen der Rondels und Reprisen.« —

15) XXVI, XXVII. In Bezug auf die Stellung der Jungfrau Maria mit der vorigen Gruppe verwandt, jedoch einige wichtige Abweichungen. — St. Jehan singt nicht mit. — Vgl. das oben über den Schluss Gesagte. - Uebereinstimmend die Form des Rondels. — Gott lässt sich vor seinem Herabsteigen zur Kirche (XXVI) nicht wie in X, XIII (XXXVI) einen Sitz herrichten. — Das Vorstellen ist nicht in beiden Stücken gleich behandelt. — Die Verknüpfung der Predigt mit den benachbarten Reden geschieht nicht in derselben Weise. — Die Zusammengehörigkeit scheint nicht positiv sicher.

16) XXII, XXIII. Die Rolle Marias ist ungefähr dieselbe wie in XXIV, Nostre Dame ist zu einer Nebenperson herabgesunken. — Gabriel und Michael abwechselnd als Boten verwandt (XXIII, nicht so in XXI und XXIV). — Schluss in XXII und XXIV verschieden. — Gott stellt sich nicht vor (anders in XXIV). — Besonders wichtig für die Characterisirung des Dichters, namentlich im Gegensatz zu XXIV, ist das unter »Einzelnes« Vermerkte. — Gemeinsame Abweichungen von XXIV zeigt auch die Behandlung der Gesänge, namentlich ist der häufig auftretende und vor den Rondels regelmässig verwandte 7 Silbler bemerkenswerth.

17) XXIV. Siehe vorige Gruppe.

18) XXV. Die Rolle der Mutter Gottes bietet keine unterscheidenden Merkmale. — Auftreten von Teufeln. — Behandlung der Predigt von den beiden vorhergehenden Gruppen verschieden. — Rondels ähnlich wie in XXIV. — Wichtig »das Verhalten auf Reisen« und »Einzelnes«.

19) XXIX. In Hinsicht auf die Stellung Marias mit XXXII verwandt. — In XXXII (XXX—XXXIV) St. Jehan als Heiliger aufgeführt, der an dem Singen sich nicht betheiligt; XXIX enthält keinen Heiligen. — Bevorzugung Gabriels vor Michael in der Reihenfolge ihrer Reden; besonderes Verfahren von XXXII in diesem Punkte. — Fröhlicher Schluss (XXIX—XXXVI). — Verurtheilung der Fille wie in XXXII. — Verschiedene Art sich vorzustellen in beiden Stücken. — Vgl. »Einzelnes«. — Der Unterschied in der Behandlung der Rondels ist nicht von Belang. —

Keiner der hier angeführten Punkte deutet mit Bestimmtheit darauf hin, dass die beiden Stücke von verschiedenen Verfassern herrühren. Ebenso wenig scheint jedoch erwiesen, dass sie beide demselben Dichter angehören. Eine definitive Entscheidung wage ich daher nicht zu treffen.

20) XXX. Die Stellung der heil. Jungfrau erinnert an XXVI, doch sind einige nicht unwichtige Abweichungen zu constatiren. — St. Jehan singt die Rondels mit (anders in XXVI, XXIX etc.) — Auftreten eines Teufels. — Eigenthümliches Vorgehen in der Aufeinanderfolge der Reden. — Ueber den Schluss vgl. No. 15 und 20 des betr. Abschnittes. — Nostre Dame und Gott stellen sich vor (ebenso in XXVII, nicht in XXVI). — Vgl. »die Predigten« und »die Rondels«.

Die Zugehörigkeit dieses Stückes zu XXVI ist wenig wahrscheinlich, doch scheint eine Benutzung des einen Mirakels durch das andere stattgefunden zu haben.

21) XXXI. Bestreben des Verfassers, Gott und Nostre Dame gleich gerecht zu werden. — St. Jehan: Wie XXX. — In

derselben Scene stellt sich neben Gott auch Nostre Dame vor. — Ueber die Verwandtschaft mit XXIX vgl. »Einzelnes« — Predigt wie in XI. — Form des Rondels wie in XXII.

21) XXXII. Siehe XXIX.

23) XXXIII. Die heil. Jungfrau spielt hier ungefähr dieselbe Rolle wie in XXIV, ein bemerkenswerther Unterschied jedoch in Bezug auf den Inhalt des Rondels. — Dem Stücke eigenthümlich ist das Verhalten St. Jehan's bei dem Singen. — Auch ist die Anschauung des Dichters über die Macht des Papstes und sein Verhältniss zu dem Eremiten bemerkenswerth. — Vgl. »Der Schluss« (No. 15 und 23). — Kein eigentliches Vorstellen. — Form der Rondels wie in XXXI, doch vgl. No. 23 des betr. Abschnittes. —

24) XXXIV. Die Rolle Marias bietet keine entscheidenden Merkmale. — St. Jehan ist zu einer stummen Person geworden. — Rondel wie in XXXII und XXXVI. — Die Tendenz und der ganze Character des Stückes machen eine Zusammenstellung mit einem anderen Stücke unmöglich (vgl. »Einzelnes«). —

25) XXXV. Maria ähnlich wie in XXXI und XXXIV dargestellt. — Heiliger: Loys, der mit den Engeln singt. Auffallend, dass Michael ihn zum Mitgehen auffordert. — Vgl. »Der Schluss« No. 15 und 25. — Man stellt sich nicht vor (abweichend von XXXI, ebenso in XXXIV) — Form des Rondels verschieden von XXXIV und, wie es scheint, auch von XXXI. — Ein Unterschied von VII ist unter »Vorkommen der Rondels« angeführt. —

26) XXXVI. Nostre Dame ähnlich wie in XXXV. — Auftreten eines dritten Engels. — Schlussgesang ein anderer als in XXXV. — Gott lässt sich einen Sitz bereiten (abweichend von X, XIII, XXVI). — Predigt wie in XXXI. — Form des Rondels von XXXV, aber nicht von XXXI verschieden. — Bei zwei Erscheinungen hat der Dichter die Rondels weggelassen (einziges Beispiel dieser Art). —

27) XXXIX. Die Rolle der Jungfrau bietet wenig Bemerkenswerthes. — St. Jehan: Wie XXX. — Rondels: Wie XXXII, XXXIV, XXXVI. — In Einzelheiten Anklänge an XXXIV und XXXVI, doch treten viele in jenen beiden Stücken ungebräuchliche, in früheren Mirakeln aber häufig vorkommende Redewendungen wieder auf. —

Die geringe Zahl und vor allem der Mangel an ausschlaggebenden Gründen bei den letzten neun Mirakeln lassen erkennen, dass wir es mit Stücken zu thun haben, welche nach Form und Inhalt wenig von einander verschieden sind. Ihnen allen gemeinsam ist vor allen Dingen, dass das religiöse Element in ihnen sich nur noch in geringem Masse geltend macht. Gott und die Jungfrau Maria treten für gewöhnlich nur mehr in einer einzigen, dazu meist noch recht kurzen Scene auf, die Heiligen sind zu blossen Statisten herabgesunken und die Teufel überhaupt von der Bühne verbannt worden (Ausnahme XXX) Gebete finden sich nur da noch, wo sie absolut nothwendig sind. Nehmen wir hierzu das früher über die Sprache der Mirakel Gesagte, so müssen wir zu dem Resultate gelangen, dass die unter 19 bis 26 angeführten Stücke entweder zu einer anderen Zeit oder an einem anderen Orte geschrieben sind, wo das Publikum, wenn es die Schauspiele besuchte, mehr auf eine angenehme Unterhaltung, als auf religiöse Erbauung bedacht war. Die öftere Erwähnung des Seineflusses aber, sowie die Bekanntschaft, welche einige Stücke mit der Hauptstadt verrathen, lassen es als wahrscheinlich erscheinen, dass Paris als der Ort anzusehen ist, in welchem diese Mirakel entstanden sind. In Bezug auf das Alter mögen sie mit den ersten 28 Stücken ungefähr gleich stehen (vgl. »Ueberarbeitungen fremder Rondels«).

Die Zahl der Verfasser stellt sich auf 27, von denen vielleicht einige der zuletzt besprochenen zusammenfallen, während andererseits die Zusammengehörigkeit von XIX mit X, XI, XIII, von XXVI und XXVII nicht absolut gesichert erscheint.

Lebenslauf.

Ich Hermann Schnell, wurde am 13. October 1860 als Sohn des Kaufmanns Wilhelm Schnell und seiner Frau Hedwig geb. Martin zu Laasphe, Provinz Westfalen, geboren. Johannis 1871 trat ich in die Quinta des Realgymnasiums zu Osnabrück ein, an welcher Anstalt ich Michaelis 1878 das Abiturientenexamen bestand. Nachdem ich dann 3 Semester hindurch in Marburg und Berlin dem Studium der neueren Sprachen obgelegen, leistete darauf in Münster bei dem 13. Regimente meiner militärischen Dienstpflicht Genüge und kehrte Ostern 1881 nach Marburg zurück hier absolvirte ich am 7. Juli 1882 das Examen pro facultate. Schon 1882 hatte ich eine Lehrerstelle an der Privat-Realschule zu Blankenese angenommen, welche ich jedoch Ostern 1883 wieder aufgab, um als wissenschaftlicher Hülfslehrer an das Real-Gymnasium zu Altona überzugehen. Am 1. Juli 1884 wurde ich zum ordentlichen Lehrer an dieser Anstalt ernannt. Während meiner Studienzeit hörte ich Vorlesungen bei folgenden Herren: in Marburg: Bergmann, Cohen, Koch, Lenz, Rein, Stengel, Varrentrapp; in Berlin: Lepsius, Mahn, Tobler, Wattenbach; in Münster: Körting.

Ihnen allen sei an dieser Stelle mein aufrichtigster Dank ausgesprochen. Im Marburger romanisch-englischen Seminar war ich 4 Semester Mitglied. Das Examen rigorosum bestand ich am 21. December 1884.